EN PRISON

PRÉLIMINAIRES HISTORIQUES

DU

MÉMORIAL

D'UN ROMAN CONTEMPORAIN

PAR

M. A. GROMIER

PARIS

ASSOCIATION GÉNÉRALE TYPOGRAPHIQUE

19, RUE DU FAUBOURG-SAINT-DENIS, 19

RODIÈRE ET Cⁱᵉ

1872

PRÉFACE

Thiers nobis hæc otia fecit.

Nous ne resterons pas davantage spectateur impassible des horreurs politiques et morales dont la France supporte le fardeau écrasant depuis qu'il a plu à certains beaux parleurs de s'établir les maîtres de nos destinées. Du fond de notre cellule de prisonnier, faisant appel à nos forces suprêmes, nous éleverons une voix révélatrice, indignée, vengeresse, bien que toujours au service de l'impartialité la plus entièrement absolue. Pour préserver les débris de la patrie française de l'ambition et de l'avidité de gens habiles à boire n'importe quelle honte et à tout commettre lorsque leur intérêt se trouve en balance, nous croyons devoir recueillir par écrit, nous pensons nécessaire de divulguer nos souvenirs.

Nous avons vu de près les hommes et les choses de ces derniers temps, du 4 septembre 1870 au 2 octobre 1871. Une circonstance inexorablement personnelle nous a fait connaître des détails ignorés de la foule. Admis dans des intimités intéressantes, nous avons touché du doigt des plaies cachées et bien des côtés mystérieux de nos désastres nous ont été expliqués. Nous rassemblerons des documents inédits, nous dévoilerons des actions imcomprises, nous démasquerons certains personnages, nous montrerons le degré d'avilissement de notre pauvre pays! Connaître le mal facilite la découverte du remède : nous disséquerons la situation !

On a beaucoup disserté sur les causes de nos discordes intestines, on a noirci des rames de papier pour expliquer les phénomènes de notre crise sociale ; toujours les hommes de la Commune et les demi-dieux du 4 septembre ont été les objectifs des discoureurs et des écrivains. En apportant notre quote-part d'informations nombreuses, précises et graves, nous ne nous écarterons point trop de la voie suivie par nos devanciers. Pourtant, déclarons-le à l'avance, cherchant sans ambiguïté à découvrir les auteurs réels de tous nos maux présents, les vrais coupables de nos récents et monstrueux dommages ; nous ne considérerons que comme des comparses secondaires les acteurs communalistes des drames de mars, avril et mai 1871, et, loin de les mettre en cause pour les vilipender, nous ne parlerons d'eux que pour les plaindre, que pour démontrer leur irresponsabilité.

C'est dire par anticipation qu'à notre avis MM. Jules Favre, Jules Simon, Ernest Picard et Trochu sont les coupables de cette ère de calamités dont nous ne prévoyons pas la fin prochaine. Cette culpabilité, dores et déjà, nous l'affirmons sans hésiter, bientôt, nous l'établirons sans réplique et produirons les preuves à l'appui de notre affirmation.

Ce n'est point, cependant, une série d'accusations scandaleuses et diffamatoires que nous commençons. A d'autres le soin d'ajouter à la déconsidération dont on n'a pas craint, ailleurs, d'accabler tels ou tels favoris anciens de la fortune et de l'opinion. Nous ne sommes rien moins qu'un spéculateur à a ligne, ressassant les infamies indiscutables ou les calomnies vraisemblables pour les servir bien alambiquées en pâture à la méchanceté publique. Nous estimons que la France a pleine suffisance d'aliments sérieux pour les discussions de ses citoyens dans le martyrologe et le calvaire de ses agissements derniers; — Nous jugeons malséant de faire entrer des questions domestiques individuelles en ligne de compte pour l'étude des fautes passées et la préparation des réparations légitimes futures

Mais, nous supposons le moment venu d'éclairer de la lumière qui leur est propre les événements principaux de cette période maudite et désespérante, ainsi que leurs héros ou leurs traîtres apocryphes. Nous raconterons donc ce que le destin ennemi nous a contraint de voir, d'entendre et de lire. Au jour le jour, à bâtons rompus, à travers les notes d'un Agenda, parmi des coupures de journaux et des extraits de lettres; nous choisirons des faits et des hommes pour les exposer et les analyser d'une manière utile.

Tableaux sombres! Figures tristes! Epopée malheureuse!...

Il le faut : nous n'hésitons pas! Nous allons accomplir un acte de justice; nous voulons mériter bien du pays!

De quel secours immense, à coup sûr, l'histoire des duperies de 70-71 ne lui sera-t-il point pour se prémunir contre les ruses actuelles des *malins* de l'avenir?

AVANT-PROPOS

Un double préambule précédera, forcément, le début de notre œuvre.

Avant de raconter ce que nous avons vu et souffert au milieu de ce capharnaüm hétéroclite des deux siéges et de la victoire versaillaise, il est, en effet, indispensable : 1° d'abord, d'envisager la position de la France dans son ensemble, d'en montrer le *mal* et d'en indiquer le *remède*. Nous intitulerons : LE SALUT, cette partie première, courte autant qu'importante; 2° il est également nécessaire ensuite d'esquisser à larges traits les circonstances aggravantes ou atténuantes au milieu desquelles les demi-dieux de la défense ! ! ! ou les hommes du 18 mars ont agi. Nous intitulerons : PRÉLIMINAIRES HISTORIQUES cette seconde partie.

Le *Mémorial* de nos heures d'angoisses en sera beaucoup mieux compris.

LE SALUT

LE MAL

Ne serait-il pas temps, — impérialistes, légitimistes, orléanistes, républicains ou communalistes, tous Français, ou du moins croyant l'être, — d'agir enfin en bon Français, en patriote?

Ne serait-il pas temps, au lieu de nous créer des fétiches, sous le nom de prétendants — à l'on ne sait quelle direction politique de notre nation malheureuse, — de nous occuper de la résurrection, de la régénération de cette nation même?

Hélas ! ne serait-il pas temps encore d'avoir moins d'habileté intéressée, moins d'égoïsme, et plus de patriotisme, plus d'intensité cordiale dans nos aspirations françaises?

Avons-nous donc toujours des fautes à commettre?

Ne serait-il pas temps d'être sérieux?

La France est à deux doigts de sa ruine : elle est mutilée; elle est partiellement occupée par l'ennemi ; elle est effroyablement épuisée de soldats, de citoyens, d'argent ! Son commerce se meurt ; son industrie est morte ; son agriculture agonise faute de bras, d'engrais, de semailles, — faute de paix sociale! Sa gloire extérieure est à vau l'eau! Son repos intérieur a disparu pour de longs jours ! De longtemps elle ne produira des... hommes ; elle n'a guère, à présent, que des pantins ambitieux, des girouettes habiles !

L'immoralité la tient sous le joug ! Chacun y dispute *pro domo suâ* On vit en France, au XIXe siècle, comme aux temps d'Augustule, lors de la chute du bas-empire romain.

Bien plus, dans le désordre général produit par les cabotements terribles de l'année dernière, — au milieu de l'assassinat intellectuel et de l'hébétement qu'occasionnèrent les deux sièges de Paris, — en face des deuils de Sedan, de Metz, du

31 octobre, des 22 et 28 janvier, 18 mars, — la nation s'oubliant elle-même, a perdu jusqu'au souvenir de la continue présence des Prussiens sur son sol.

Nous permettrions-nous, en effet, nos discussions intestines si nous songions à l'individualité de nos spectateurs ?...

Oui, nous discutons sur la sauce à laquelle nous accomoderons le turbot, et pendant ce temps, en Algérie ou dans les Indes, M. de Bismark poursuit ses machinations anti-françaises? Nous pérorons à propos des couleurs des cochers du cirque; et, sans s'écarter un instant de la voie tracée, l'empereur Guillaume travaille à nous isoler davantage dans la sphère au cercle vicieux des intrigues diplomatiques ! Nous nous créons à plaisir des factions de Capulet et de Montagut ; nous nous formons en Guelfes et Gibelins, en Bourguignons et d'Armagnacs; et, de Berlin la pieuvre clérico-monarchico-germanique se demène pour nous enlacer mieux encore de ses replis !

Toujours *pro domo suâ*; jamais *pro reipublicæ aris et focis !* Quand cela finira-t-il? Thiers partisans, gambettistes, d'aumaliens, henriquinqistes et napoléoniens, quand nous occuperons-nous de la France !

Lorsque la baleine, colosse des mers, épuisés sous les coups du harpon des pêcheurs intrépides, est échouée sur le rivage qu'elle frappe bruyamment, faisant rejaillir sur le sable des jets d'eau mêlée de sang; — quand le lion, maître du désert, a reçu les balles des chasseurs et gît au milieu des buissons, perdant la vie par cent blessures et terrifiant la campagne par ses rugissements d'agonie; — alors les vautours, bêtes voraces, sentant la mort de loin, arrivent à tire-d'ailes !

Ils se posent sur les rochers voisins, attendant l'exhalation du dernier souffle de leur proie déjà sans défense. Puis, le plus hardi s'approche ! Il arrache avant tout les yeux de la victime avec son bec crochu! La bande, devenu pleine d'audace, se rue ensuite sur le cadavre, fouille les entrailles palpitantes;... là curée commence;... elle dure longtemps ; des bandes nouvelles accourent incessamment des quatre points cardinaux pour y prendre part!...

Ainsi la France expirante, saignée d'homme et d'or, voit s'empresser les prétendants, corbeaux avides... Ils fourmillent ! On en trouve partout, jusque dans les bureaux de rédaction des journaux honnêtes !

Peuple! n'es-tu donc prétendant toi-même? Ne veux-tu, une fois, faire ta besogne? Te fieras-tu toujours à autrui?...

Exige la dissolution d'un Assemblée dont la tâche est remplie Envoie à la Constituante des représentants sûrs, assermentés par écrit à tes ordres? Fais-leur consacrer, établir, décréter, sanctionner *ta* prétention : le *self government* purement parlementaire, sans président autre que celui de tes députés : peu dangereux ce président-là et facilement révocable.

Aussitôt, tu verras les prétendants cesser de prétendre à présider à tes destinées; pour eux, en effet, une présidence simplement honoraire ne vaut rien qui vaille. Il leur faut du solide et de la dictature à ces amateurs de pouvoir personnnel!

Peuple! anéantis leurs orgueilleuses ambitions!

La France n'a plus besoin d'autocrates, de quelque titre qu'ils se puissent affubler! Il lui faut économiser son temps, son argent, ses fils. En brisant les manœuvres des prétendants, elle économisera des flots de sang, des monceaux d'or, des années de labeur. Car, qui dit prétendants, dit guerre civile; or, notre pays est rassasié de combats fratricides! Il est juste à ce point où la goutte d'eau fait déborder le vase qui est plein.

LE REMÈDE

Evite, ô peuple! la goutte d'eau des prétendants! Songe plutôt à éponger le sol de la nation que baignent tant de larmes!

On peut encore se relever des désastres accomplis, payer les milliards dûs, reconstruire les villes bombardées, restaurer les édifices brûlés, rétablir les finances, épurer les administrations, réorganiser l'armée, — moraliser, régénérer, instruire, — c'est-à-dire: progresser !

La France n'est pas morte! La France ne meurt pas.

Pour galvaniser la France, concitoyens, organisons-nous au lieu de nous entre-tuer; formons l'*Union nationale* : les prétendants s'éclipseront! Seule, la France restera, surgira nouvelle, se revifiera !

L'*Essai loyal* est à terme, le *pacte de Bordeaux* n'a plus cours régulier, les élections au Conseil général ont depuis de longs mois résilié le bail versaillais de l'Assemblée nationale. Il fallait accepter ou refuser la paix, la paix a été signée; les signataires ont accompli la besogne ordonnée. Place à la Constituante du *Self-Government* Français !

Le remède à la situation du pays, c'est le gouvernement du peuple par lui-même, par ses élus réunis en un corps dictatorial sans autre président que le président disciplinaire, réglementateur de ses séances Voilà seulement notre va-tout !

— Vous voulez donc, exclamera-t-on, la retraite de M. Thiers ?

— Oui et non. Nous voulons la constitution de la République française. Nous ne voulons pas l'avénement d'un président à vie ou d'un prétendant, quel qu'il soit.

— Expliquez-vous ?

— Nous voulons : après la dissolution de l'Assemblée nationale, un *appel au peuple* effectué simplement par l'élection d'une constituante. A notre avis, le résultat de cette élection sera l'édification de notre *self-government*; par suite, le salut.

— Pourriez-vous, s il en est ainsi, nous résumer les principes que, d'après vous, feraient prévaloir les élus nouveaux ?

— Pourquoi non !... Nous tenterons même davantage : nous vous esquisserons un modèle de constitution opportune.

I. Le peuple français est souverain. Il exerce son droit par l'élection de tous ses mandataires.

II. Il nomme une Constituante-Exécutive qui *constitue* la loi nationale et *exécute* les volontés de la population qu'elle représente.

III. La constituante-Exécutive règne et gouverne dictatorialement : elle nomme et révoque son président et ses ministres à la majorité plus un de ses membres inscrits.

IV. Elle règne et gouverne sur les bases principales suivantes:

1. Un représentant pour soixante mille électeurs.

2. Le système militaire établi, au moins, comme en Suisse.

3. Les réunions publiques, les associations et les coalitions, au moins, comme en Angleterre.

4. La liberté individuelle, au moins comme aux États-Unis d'Amérique.

5. L'instruction primaire, gratuite, obligatoire et laïque.

6. L'instruction secondaire gratuite et laïque.

7. L'enseignement professionnel gratuit et obligatoire.

8. L'enseignement supérieur gratuit.

9. La liberté philosophique absolue; *id est:* séparation de l'Eglise et de l'État.

10. La liberté de la presse, au moins, comme en Belgique.

11. La liberté des échanges.

12 Toutes les libertés nécessaires.

V. La Constituante-exécutive se renouvelle par moitié, tous les ans, au suffrage universelle.

VI. Le président et les ministres de la Constituante-exécutive ne sont pas seulement nommés et révoqués par la dite Assemblée à la majorité plus un de ses membres inscrits, — ils sont encore *responsables.*

— Fort bien ! De la sorte le symbole du pouvoir réel de votre président ne pourra être autre que sa sonnette ! Un mannequin automatique bien agencé, bien graissé, un *réglementaire,* tel devra purement être ce président. Ce n'est peut-être pas irréalisable. Mais, puisque vous êtes disposé à des confidences, accordez-nous encore réponse à cette petite question : cette Constituante-exécutive établie, comme président disciplinaire de ses séances, vers qui vos préférences pencheraient-elles?

— Nous accepterions l'élu de l'Assemblée.

— Pas de faux-fuyant. De la franchise. Supposez-vous représentant du peuple. A qui donneriez-vous votre voix pour la présidence du *self government?*

— D'abord, nous éliminerions tous les prétendants en les déclarant hors concours, pour cause de suspicion légitime. Puis nous voterions pour Dorian, Dorian que l'on oublie, Dorian l'unique citoyen sorti sans tache des péripéties du gouvernement de la défense nationale.

Pourquoi donc éliminer aussi M. Thiers ? Chaque jour il prouve son ardeur juvénile, malgré son âge.

— Pour président, nous le répétons, il ne faut pas à la constituante-exécutive de personnalité tranchante. Cette présidence doit être une fiction, un poste de comparse dévoué.

— Eh! que feriez-vous de M. Thiers, alors?

— Il garderait le pouvoir en ses mains jusqu'après l'élection et l'installation de la constituante-exécutive. Ensuite il se retirerait à Fontainebleau ou à Saint-Germain, avec le titre de président honoraire de l'Assemblée nouvelle. Il pourrait être chargé de recevoir les ambassadeurs et d'ouvrir chaque session.

— Mais si par hasard, un prétendant était nommé président...

— Lorsque besoin serait nous userions de l'article 3 : la Constituante-Exécutive nomme et *révoque* son président ; ainsi que de l'article 4 : le président est *responsable*. Si Gambetta, d'Aumale, Félix Pyat, Chambord ou Napoléon (nommé président), ne voulait pas se contenter de la sonnette publique... Eh bien ! on le révoquerait, puis on le mettrait en jugement. Rien à craindre avec l'emploi de cette méthode.

— Mais, si la majorité...

— Oh ! par exemple ! ce que fera la majorité sera bien fait. Seulement, nous aurions l'article 5 : la Constituante-Exécutive se renouvelle, par moitié, tous les ans, au suffrage universel.

— Allons ! vous avez le dernier mot. Pourtant, et *le travail* qui seul vivifie un pays, comment le reconstitueriez-vous ?

— Rien de plus facile à un patriote. Écoutez.

LES MOYENS

Vous l'avez dit : le travail seul vivifie un pays.

Il faut donc le rétablir en France. Pour cela de grandes mesures générales sont primordialement indiquées par le bon sens comme des moyens, *sine quâ non* : les voici :

1° Invitation officielle des membres du *self-government* à tous leurs électeurs de participer (à leur exemple) à la souscription nationale pour la libération du territoire ;

2° Abolition de tous les impôts, et leur remplacement par l'établissement d'un impôt unique et proportionnel sur le capital ou le revenu, suivant la situation matérielle de l'imposé.

3° Liberté absolue des associations et des coalitions ouvrières ;

4° Liberté des échanges : importation, exportation, mouvement intérieur et extérieur ;

5° Diminution de *moitié* des tarifs actuels des divers modes de transport et de navigation ; les compagnies gérantes gagneront *moitié* plus au bout de quelques années, et tout aura dans le pays *moitié* plus d'essor.

6° Diminution de *moitié*, non de l'actuel, mais de l'ancien tarif des postes, dépêches, messages de toute sorte. L'État gagnera immédiatement peut-être *trois fois* davantage ; l'industrie nationale *triplera* son essor ; l'instruction publique *décuplera* son développement et la France s'enrichira d'autant sous tous les rapports.

7° Division en deux parties distinctes du produit de l'impôt sur le revenu : I° le budget de chaque commune ; 2° le budget de l'État. Le conseil communal fait le budget de la Commune ; la constituante-exécutive fait le budget de l'État.

8° Division en deux parties distincts de l'administration : 1° l'administration communale, siégeant à l'Hotel de Ville de chaque commune; 2° l'administration nationale siégeant à Paris, dans le bâtiment des Tuileries et du Louvre, sous la direction des ministres de la Constituante-exécutive.

9° Association des communes entre elles en société d'assurances mutuelles contre l'incendie, la grêle, la sécheresse l'inondation, les épizooties, etc. Le siége de l'association à Paris, sous la direction du ministre des assurances communales mutuelles nommé par la Constituante-exécutive.

10 De l'instruction à flots, partout, gratuitement, sous toutes les formes et à tous les degrés, obligatoirement pour en tant qu'instruction primaire et enseignement professionnel. Nul citoyen ne pourra être électeur s'il sait lire, écrire et compter. Pas de différences pour l'instruction primaire des filles et des garçons. La femme fait l'homme : élevons la femme pour nous élever.

11. Diminution du fonctionnarisme, le grand parasite social, l'énervement des intelligences, la plaie morale et matérielle. Pas de traitement annuel au-dessous de 2,400 francs et au dessus de 12,000 francs.

12. Favorisation de l'industrie dans les campagnes. Ouverture, soit à la ville, soit au village, de petits ateliers *de famille* que les moteurs Lenoir permettent d'établir partout. Au besoin création de machines à vapeur communales; nos pères avaient leurs fours communaux.

13. Peu ou beaucoup moins d'hopitaux, de léproseries, de maladreries qui encouragent la paresse, produisent la misère et détruisent la famille du pauvre, autant que les *clubs* et les cercles détruisent la famille du riche. Des soins et des secours à domicile. Mieux, des avances, des prêts remboursables à longue échéance, *quand possible*, même par les enfants, les petits-enfants de l'emprunteur.

14. Création de banques communales avec la garantie des

biens communaux et du revenu de la commune, et sous la protection de l'État. Les bons circuleront comme espèces.

15. Colonisation morale, industrielle, intellectuelle, civile (et non militaire) de nos colonies. La France a dépensé des milliards en Algérie; elle y trouverait chaque année des millions. Nous avons au Sénégal, dans les Antilles et surtout en Cochinchine, des trésors horriblement mal exploités.

16 Enfin, et toujours où il est question de progrès il faut en finir par là, — tous les postes politiques à l'élection; toutes les charges judiciaires à l'élection (on ne pourra élire que des licenciés en droit); tous les emplois administratifs ou professoraux au concours; tous les grades dans l'armée, la marine au concours et au choix raisonné, soit après examen dans les camps et dans les écoles navales, soit après épreuve devant l'ennemi sur les champs de bataille.

Voilà ce qu'il faut pour rétablir le travail en France... après, toutefois, qu'auront eu lieu, de par l'intérêt national, et grâce à l'*Appel au peuple* :

1° Une amnistie de tous les crimes et délits politiques, sans exceptions, sans conditions;

2° La dissolution de l'Assemblée actuelle;

3° L'élection d'une Constituante qui devra présider à la formation de la Constituante-Exécutive, dont nous avons plus haut détaillé l'organisation.

C'est en se démocratisant ainsi que la France pourra reprendre ses provinces perdues, conquérir, démocratiser l'Allemagne, l'Europe, le Monde... C'est ainsi seulement qu'elle aura sur l'univers la suprématie intellectuelle, philosophique, sociale, — c'est-à-dire la suprématie matérielle, car toujours la force finit par céder le pas à l'esprit.

Alors les armes offensives et défensives de la France seront son industrie, son commerce, ses machines, son savoir. La vapeur, l'électricité, la science lui serviront de propagateurs, d'agents, d'apôtres. Devant son admirable développement spirituel et physique, fusils à aiguille, chassepots, mitrailleuses, canons Krupp, n'auront plus qu'à faire long feu et cesseront leurs... *merveilles.*

Donc : *Amnistie.*

Dissolution.

Et reconstitution de l'Assemblée; le salut de la France est à ce prix !

PRÉLIMINAIRES HISTORIQUES

—

L'OPPOSITION EN 1870

Cuique suum.

Pour l'intelligence de nos narrations subséquentes, il convient d'établir par quelques notices, la situation de l'opposition pendant la dernière année de l'empire, et le tableau gradué de son importance.

Lorsque, après la campagne du refus du serment qui termina l'an 1869, — le ministère du 2 janvier, la mort d'Armand Barbès à la Haye, la fin tragique de Victor Noir à Auteuil, l'enterrement de Neuilly, et le refus de l'impôt par Ferdinand Gambon, ouvrirent l'année 1870, — l'opposition républicaine contre Napoléon III était l'œuvre de *neuf clans* principaux, divisés chacun en plusieurs groupes, sous la direction particulière d'un *leader*, ou l'impulsion générale d'une association ou d'une coterie.

Voici l'énumération de ces *neuf clans* :

1° Les *Outlaws*, opposants hors la loi *impériale*. Ce clan était divisé en *trois groupes*, dirigés par autant de chefs spéciaux : Blanqui, Félix Pyat, Delescluze. Ces opposants là étaient sincères et désintéressés personnellement ; depuis déjà 1849, le principe républicain avait été violé, dénaturé, mis au service de traîtres aux ambitions malsaines. Les *Outlaws* étaient des patriotes dévoués, des soldats vaillants, plusieurs furent des martyrs ;

Outlaws. — Dans l'ombre, par l'affiliation, graduellement, opiniâtrement, Blanqui poursuivait une lutte ardente alors comme à son début : Tridon lui tenait lieu de secrétaire banquier ; Raoult Rigault était son premier ministre ; Protot, les

2

Villeneuve, Humbert, ses fidèles lieutenants ; Eudes, Brideau.
Ferré, ses exécuteurs dévoués jusqu'à la mort. En 1870, les
Blanquistes, après la déclaration de guerre à la Prusse, ten-
taient l'aventure de la Villette, dont le dénouement heureux eût
évité Sedan et le 4 septembre. Jaclard, Gois, Ramet et Lacambre
étaient des amis de Blanqui.

Par la presse anonyme, par ses lettres aux despotes et aux
opprimés, par ses discours à Londres et à Paris, Félix Pyat
poursuivait sa guerre au parjure, guerre aux assermentés :
Gromier était son secrétaire ; Brunereau son hôte et son garde-
du-corps ; Ferdinand Gambon son accolyte ; Vaillant, Robert,
Delorme, Longuet, Oudet, Rogeard, D' Fournier, Benjamin
Gastineau, Armand Chatelin, Emile Accolas, Ernest Pichio,
Désiré Cruet, Charlot, Arthur Monnanteuil, Pierre Denis, Vésinier, ses disciples, ses amis et ses collaborateurs. En 1870, les
Pyatistes, au banquet de Saint-Mandé, portaient audacieuse-
ment un toast à une délivrance qui eût préservé de la mort plus
de cent mille français.

Par la presse, franchement, ouvertement, froidement et avec
une logique admirable, Delescluze poursuivait sa campagne
contre le coup d'Etat du 2 décembre, et démontrait quotidienne-
ment l'illégalité du gouvernement établi par la violence de 1851 :
Ch. Quentin était un autre lui-même ; Cournet et Razoua lui
servaient d'aides-de-camp ; Asseline, Bonvalet, Cantagrel,
Thonnerieux, Bonnet-Duverdier, Genevay, Hubbard, Leclanché,
Malardier, Miot, Mottu, Chassin, L. Vauthier étaient ses adeptes
convaincus ; Leblond, Gambetta, Laurier passaient alors pour
ses partisans et ses amis. En 1870, Delescluze publiait le *Réveil*,
un journal bien nommé ; Martin-Nadaud à Londres en était le
correspondant, ainsi que Talandier et Jacques Lorgue.

2° Les *Bourgeois*, opposants *honoraires*, divisés en *deux
groupes* sous l'impulsion générique de deux coteries : celle des
Hugo et celle des Ledru-Rollin, Schœlcher, Louis Blanc, Quinet,
Esquiros. Les *Bourgeois* étaient surtout des opposants *person-
nels*, des partisans de *leur* république, des admirateurs coura-
geux de *leurs* doctrines, des défenseurs de *leurs* idées ; sans le
vouloir, assurément, ils faisaient plus de bien que de mal à l'é-
difice Napoléonien ; heureusement, la peur des *Outlaws* les
aiguillonna lors du 4 septembre.

BOURGEOIS. — De mille manières, du reste aussi lucratives que dangereuses, par des livres, par des articles de journaux et de revues, par des épîtres, par des protestations adoucies par la distance de leur éclosion, par des queues de chiens coupées à tous propos, etc., les Bourgeois agissaient de façon à se faire surtout complimenter de leur entourage et bien payer de leurs éditeurs. La dynastie des Hugo, cependant, avec l'aide des Meurice, des Vacquerie, des Robert Hyenne et des Arthur Arnoult, l'emportait de cent longueurs par sa fougue, son brio, son esprit d'actualité, par son *Rappel*, sur le cénacle dogmatique et trop casanier des Ledru-Rollin (Saint-John's Wood), des Louis Blanc (Brighton), des Edgard Quinet (Veytaux), des Schœlcher (Chelsea), et des Alphonse Esquiros (Mount Elliot Terrace), endormis ou capitonnés dans des fromages de Hollande comme le rat de Lafontaine.

Barbieux était l'actif homme d'affaires des *Bourgeois* et le gérant du *Rappel*.

En 1870, (les Hugo et le *Rappel* mis hors concours), les *Bourgeois* opposants ne travaillaient guère qu'à l'édification contre l'Empire des barricades de la pensée; or, à cette époque, elles ne suffisaient pas à empêcher l'apport des 8 millions de *oui* au plébiscite. En effet, Victor Hugo le reconnait maintenant : « La justice doit être dynamique à l'occasion; l'idée veut l'action physique, tôt ou tard; la délivrance légale a besoin d'être accomplie par la délivrance matérielle; la lumière ne suffit pas, il faut aussi le courage et l'audace; l'homme n'est pas seulement un pur esprit, il a un bras comme une tête pour servir la Révolution. »

Les principaux membres du clan des *Bourgeois*, en dehors des chefs précités, étaient Ch. Floquet, Ed. Lockroy, Ranc, Ed. Laferrière, Frédéric Morin, Camille Pelletan, Tony Révillon, Portalis et tous les anciens représentants du peuple, hormis ceux nommés plus haut.

3° Les *Avocats* : autant de groupes que de membres; on est égoïste dans ce parti; pourtant, suprématie reconnue du duumvirat, Jules Favre-Ernest Picard. Le clan opposant des *avocats* servait l'Empire, il ne le desservait pas, bien qu'il en paraisse : cette opposition *verbeuse* n'était qu'une opposition *verbale* utile au maintien d'un *statu quo* dont les *avocats*, du reste, profitaient largement. Sans les *avocats*, jamais Napoléon III n'eût réussi à pousser la France aux profondeurs de Sedan. Du reste, en 1870, les *avocats* avaient fini par former le clan opposant *ministériel;* le 2 janvier, Emile Ollivier avait commencé l'incarnation nouvelle; peu avant le 15 Juillet, Ernest Picard, un instant, faillit le suivre en cette voie; et, le 3 septembre, dit-on, Jules Favre eut plus que des velléités d'accepter le poste de membre président du conseil de Régence.

Avocats. — Tam-tam, boniment, parade, réclame, tout était bon, sous l'empire, comme aujourd'hui, à ce clan-là, qui professait surtout au Corps Législatif. Le *Siècle*, l'*Avenir National*, la *Tribune* et, beaucoup au-dessous, l'*Electeur libre* étaient les grosses caisses; les procès de presse et les procès politiques, joints à la bêtise humaine, servaient de piédestal.

Nous avons dit que Jules Favre — Ernest Picard formaient le duumvirat dominateur. Emmanuel Arago, Jules Ferry, Pelletan, Durier, Dréo, Lavertujon, Hérold, Crémieux et autres étoiles de ce genre, doublaient les duumvirs chacun dans leur arrondissement parisien respectif et en province. Chaudey, Bigot, Lechevallier, Gréhen, Reutlinger, Maritain, Dupont de Bussac, Herbette, Cambon, suivant les circonstances, leur succédaient à tour de rôle, tantôt comme comparses, tantôt comme souffleurs, quelquefois comme acteurs véritables. Toutefois, nous trouverons dans la suite de ce travail, l'occasion de faire ressortir convenablement les bons offices rendus à des malheureux par MM. Ernest Desmarest, ancien bâtonnier de l'ordre, André Rousselle, Gâtineau, Ducoudray et et Laviolette, les seuls avocats dont le désintéressement, le dévouement et l'intelligence n'aient point disparu après les journées fraticides de mai-juin 1871, les seuls avocats qui, devant les conseils de guerre de Versailles, aient bien mérité des honnêtes gens.

Pour le reste, c'était une phalange macédonienne où nul ne donnait sans que le voisin ne s'en mêlât. Le plus souvent, cette assistance cachait quelque piège, et tel éreintait réellement celui qu'il semblait défendre : on aime ainsi son confrère et son prochain dans le barreau! A coup d'épaules, à tour de bras, on se poussait et l'on arrivait quand même, l'un portant l'autre au pinacle. En marchant sur les petits, on finissait par se hausser au niveau de la coupe électorale! Si bien qu'au 4 septembre..., mais réservons-nous ! A l'heure opportune, le clan des *avocats* de l'opposition, en 1870, nous fournira surabondamment d'autres chapitres.

4° Les *Lanterniers* : un seul groupe, mais plusieurs genres, et des héros distincts : le comte Henri de Rochefort de Luçay, Millière, Flourens, Lissagaray, Vermesch, Pascal Groussel, Gill (de *l'Eclipse*). Les *Lanterniers*, en raison du caractère léger de notre malheureuse nation, avaient une influence incontestable, d'ailleurs, généralement mise au service de l'avenir de la liberté. Par leurs écrits satiriques et leurs dessins mordants, ils démolissaient à eux seuls la machine bonapartiste mieux que les *Outlaws*, les *Bourgeois* et les *Avocats* réunis, mieux que tous les autres *clans* de l'opposition mis ensemble. Mais leurs actes démentaient trop leur plume ou leur crayon ; puis, de leurs œuvres, alors qu'on en avait exprimé l'essence à l'effet foudroyant mais passager, il ne restait, hélas ! qu'une impression démoralisante assez semblable au résultat des œuvres du *Figaro*, où avait débuté Rochefort.

LANTERNIERS. Nous l'avons dit, ce clan démolissait mieux l'Empire, qu'il n'édifiait la République. En 1870, *La Marseillaise*, publiait les écrits du comte Henri de Rochefort de Luçay, retour de Bruxelles, député du 20ᵉ arrondissement, (avec mandat impératif accepté, mais trop lourd pour ses épaules), et prisonnier à Sainte-Pélagie. Nous passons sur les défaillances historiques du créateur de *La Lanterne* : il est trop à plaindre aujourd'hui, pour que nous conservions autre chose à son égard que de la commisération. Mourot, brave garçon plein de cœur, remplissait auprès de Rochefort, les fonctions de secrétaire. Henri Maret, Habeneck, Germain Casse, Lavigne, Victor Noir, Enne, Puissant, Paschal Grousset, Flourens, les Fonvielle, collaboraient à son journal qu'administraient Millière, Dereure, Verdure, Barberet.

Le crime d'Auteuil, l'enterrement de Neuilly, la souscription pour le rachat de la vache à Gambon, les banquets de Saint-Mandé, l'affaire de la rue de Flandre, les barricades de la rue de Meaux, le procès de Blois fournissaient à la *Marseillaise* ample matière pour des articles curieux.

Henri de Rochefort, pendant ce temps, se préparait dans sa geôle à justifier cette parole de Jules Favre à Trochu : « *ce ne sera pas le moins sage de nous!* » Nous établirons ailleurs comment il faut entendre cette prédiction… flatteuse.

Millière, Flourens, Verdure, Paschal Grousset, Dereure, dans un meilleur ordre d'idées, nous fourniront plus loin des pages importantes.

D'autres *Lanterniers*, d'un genre spécial : Lissagaray, Vermersch, Lermina auront leur tour d'examen. Précédemment, nous avons cité Gill parmi les membres de ce clan original ; nous lui adjoignons Pilotell dont nous reparlerons aussi. Nous rattacherons encore à ce clan trois jeunes gens, sympathiques à tous égards : Maroteau, Peyrouton et Cavalier, dit *Pipe-en-bois*.

5° Les *Internationaux*. Ce clan, à coup sûr, le plus important et le mieux discipliné, formait deux groupes principalement personnifiés par Malon et Tolain. Il agissait républicainement, à pas lents, mais sûrs ; il créait à l'Empire des embarras survenants à de longs intervalles, mais sérieux ; il travaillait réellement au progrès de l'émancipation de la classe ouvrière. Toutefois, le groupe Tolain, sous prétexte d'aspiration socialiste d'un ordre à part, remplissait à peu de chose près un rôle identique au rôle du clan des *Avocats* ; il aidait Napoléon plus qu'il ne lui était nuisible ;

INTERNATIONAUX. Nous avons dit qu'ils formaient deux groupes : celui de Malon (le plus honnête) ; celui de Tolain (le plus… habile.)

Autour de Malon gravitaient : Ranvier, Theisz, Avrial, Pindy, Chalain, Portalier, Camélinat, Rochat, Varlin, Chardon, Duval, Léo Meillet, Teulière, Frankeld, Gérardin, Descamp, Mangold, François, Ant. Arnaud, Durand, Langevin, Viart, Pottier. Les *Outlaws* (Blanqui, Pyat, Delescluze) avaient leurs meilleurs soldats dans les sections inspirées par Malon, Ostyn et Serrailler.

Autour de Tolain gravitaient : Demay, Landek, Fribourg, Limousin, Gouhier, Roullier, Duvivier, Combault, Nostag, Goullé, Chaudesaigues, Héligon. Les *Bourgeois* et même les *Avocats*, plutôt que les *Outlaws*, étaient les propulseurs des partisans de Tolain qu'on avait, un temps, suspecté de hanter le Palais-Royal et qui paraît, aujourd'hui, capitaine en premier de Jules Simon-Suisse et consorts.

Audrieux et Assi, en province, étaient du clan des *Inter-nationaux.*

Nous glissons provisoirement sur les membres de ce clan considérable de toutes les manières. En 1870, Napoléon III. en les faisant poursuivre, condamner et emprisonner, prépara leur succès foudroyant sur lequel nous reviendrons avec détails. Les derniers évènements ont prouvé la force de l'*Association Internationale des travailleurs.* L'avenir est à cette association... ou aux Cosaques; nul citoyen de bon sens et de bonne foi ne le peut et ne le doit nier, — quoi qu'on en dise à l'Assemblée de Versailles.

6 Les *Socialistes* divisés en autant d'écoles que de professeurs: Jules Simon, Briosne, Jules Vallès, Lefrançais, Tony Moilin, Vermorel. Ceux-là, en aucun temps, n'inquiétèrent les Tuileries et surtout le Palais-Royal; ils étaient inconscients des services indirects qu'ils rendaient, nous le croyons sans peine; cependant, maintes fois ils méritaient que des amis plus clairvoyants leur criassent: « *Faites donc d'abord de la politique; vos utopies ne sont pas de saison; il faut préalablement de l'action, de l'action, de l'action et non pas toujours des livres ou des discours:* »

Socialistes. A la *Réforme* et dans les clubs, en 1870, Vermorel déployait un grand savoir, mais, on lui reprochait des accointances bonapartistes. Vermorel est mort en héros; nous dirons quelle est, définitivement, sur ce jeune homme de génie et de courage notre opinion personnelle. Nous avons vu Vermorel de très-près.

Lefrançais, le docteur Pillot, Dupas, Briosne, Regnard, Tony Moilin émettaient surtout leurs doctrines dans les réunions publiques ou au sein des sociétés plus ou moins licites. Jules Allix (le Gagne de l'opposition radicale), se créait à côté d'eux une assez belle popularité. Jules Vallès, par ses livres et ses articles empoignants, réussissait merveilleusement à soulever les masses; il bataillait en faveur des prolétaires contre les capitalistes, (malgré son fameux écrit sur *la Bourse* et Mirès). Pour Briosne et Jules Vallès, principalement, l'Empire n'était, cependant, point trop méchant; même, il usait d'eux, à leur insu, bien sûr!

Nous apprécierons les actes des *Socialistes* après le 4 septembre; ils eurent, tous, une large part au mouvement communaliste que Jules Simon, lui-même, avait, du reste, magnifiquement préparé par la publication de ses divers ouvrages, comme nous le montrerons ailleurs.

7° Enfin, le clan des *Excentriques* dont Amouroux, Antonin Poulet, Lacord, Trinquet, Mégy, Gaillard père étaient les coryphées. Ce clan était la conséquence forcée de l'existence des autres; il n'avait pas, à notre jugement, autant d'intelligence que de zèle; néanmoins, en diverses occasions, Amouroux et Mégy, notamment, donnaient, par leur exemple, une impulsion efficace au mouvement révolutionnaire enrayé, soit en prenant l'initiative de l'ouverture des réunions publiques, soit en défendant au péril de la vie le droit imprescriptible de la liberté individuelle outragée.

EXCENTRIQUES. Dès l'abord, au début de notre classification de l'opposition en 1870, nous aurions dû déclarer que certains opposants étaient plus que des opposants officiels; on le comprendra bientôt.

Les Excentriques formaient diverses classes : *Excentrique* né d'incidents grotesques : Ulysse Parent; — *Modérés* : Achille Dubuc, Constant Lombard, Bazire, Antonin Poulet; — *Intelligents et non suspects* : Fontaine, Dupont. Lucipia, Amouroux, Bauër; — *Exaltés, mais à l'épreuve* : Genton, Garreau, Cerisier, Prost, Joly, Trinquet, Mégy, Gaillard père et Lacord; — *Exagérés à disséquer minutieusement* : Lullier, Sens, Chouteau, Falcet, Terail, Greffier, Greffe; — *Excentriques en carte* : Verdier, Beaury, Guérin, Ballot et Enrico Sappia (de Blois) qu'il ne faut pas confondre avec le commandant Sapia (du 22 janvier.)

8° EN PROVINCE. A Marseille : l'*Egalité* de Naquet; à Nantes : le *Phare de la Loire* de Mangin; à Lyon: le *Progrès* de Noëllat, puis Véron; à Toulouse : l'*Emancipation* de Duportal et Louis-Ariste Passerieu; à Saint-Quentin : le *Glaneur* et le *Guetteur*; à Rochefort : le *Contribuable*, etc. étaient les organes de l'opposition.

9° A L'ÉTRANGER. A Londres, la *Société de la Commune*; à Bruxelles : Baune et le sergent Boichot; à Genève : Barni; et un peu partout, les exilés et les réfugiés de 49-51 dirigeaient les efforts républicains contre Napoléon III. Les journaux : la *Gazette de Lausanne*, le *Journal de Genève*, l'*International* et le *Centenaire* de Londres, le *Courrier de l'Europe* de Rascol, l'*Italie* de Florence et l'*Indépendance Belge* centralisaient surtout les meilleures correspondances anti-impérialistes de Paris. Le *Reynold's News*, à Londres, était l'unique feuille anglaise sincèrement ennemie du second empire et réellement révolutionnaire. Pourtant, *The Weekly Dispatch* était aussi républicain.

Liebknech, Bakounine, Bradlaug, Karl Marx, Juarez, Garibaldi, Mazzini, etc., favorisaient la préparation des *États-Unis de l'Europe* et des *Fédérations Nationales*.

CULPABILITÉ

DES QUATRE-SEPTEMBRISEURS

M. Louis Veuillot termine ainsi le tome second de *Paris pendant les deux siéges* :

« A notre avis, on eût pu faire grâce aux membres de la Commune... Mais ceux qui devraient passer en justice inexorablement et se voir inexorablement bannis de la vie civile, ceux dont il faudrait abolir le nom et raser la maison natale, ce sont ces prévaricateurs qui ont fait le 4 septembre...»

Voyons ce qu'il faut accepter de cette assertion.

Du 2 décembre 1851 au 4 septembre 1870, MM. Jules Favre, Jules Simon, Jules Ferry, Ernest Picard, Glais-Bizoin, Emmanuel Arago, Crémieux, de Rochefort, etc., furent les divulgateurs d'une légende contractuelle en vertu de laquelle nul républicain ou prétendu tel ne devait reconnaître l'Empire, ni aucune des institutions ou juridictions émanant de lui.

D'après ces apôtres : le Droit et le pouvoir résidant dans chacun des membres de l'Etat, tous ces membres y ayant un titre égal, et la monarchie impliquant la prééminence d'un seul sur tous (négation flagrante du droit de chacun), — toute loi et toute organisation monarchiques étaient nécessairement usurpatrices et illégitimes. En conséquence Napoléon III s'étant rendu coupable du crime de haute trahison par son coup d'Etat de 1851 et ne pouvant, même après le 8 mai 1870, exciper du laps de temps et de la ratification populaire, — au nom de la conscience éternelle, MM. les députés de Paris tenaient pour nul et non avenu, en droit, tout ce qui s'était fait depuis l'enterrement de la République de 1848. Pour rentrer dans la légalité, répétaient-ils sans cesse, il fallait : l'arrestation et le jugement de Bonaparte, — le retour au régime républicain, — et enfin l'élection, par le suffrage universel librement et *immédiatement* consulté, d'un gouvernement représenté par une Assemblée nationale.

Toutefois, ces déclarations n'empêchaient aucun des personnages cités plus haut de *prêter le serment d'obéissance et de fidélité* à cet empereur qu'ils disaient hors la loi. Ces messieurs, il est vrai, recevaient 23 francs par jour en récompense de leur soumission... patriotique (d'autres écrivent : *intéressée.*)

Arrivent Sedan et la défection du général Trochu, *autre assermenté :* messieurs de la Seine, sortant de leurs poches des écharpes procurées à bon escient, se ceignent les reins mutuellement et s'installent à qui mieux mieux à l'Hôtel-de-Ville, de par leur excellente mais unique volonté !...

C'était le moment, ou jamais, de consulter le suffrage universel et de faire au peuple ce fameux *appel* légal et libre... D'aucuns prétendent que les demi-dieux du 4 septembre n'en eurent pas même l'idée un instant !

Depuis de longs jours, Jules Favre, Ernest Picard, Jules Simon, etc., étaient séparés des vrais républicains de Paris, par un abîme creusé par leur ambition et leur *égoïsme.* S'ils avaient soumis leur escalade de l'Hôtel-de-Ville à la sanction de leurs électeurs de 1869, ils auraient vu leurs individualités orgueilleuses remplacées par les personnalités des Pyat, des Hugo, des Delescluze, des Ledru-Rollin, des Louis Blanc et des Blanqui... Et, ils le savaient trop bien pour songer une seconde à faire consacrer leur volonté par la volonté de la population.

Aussi, que firent-ils ?...

Un deux décembre à leur tour : ils gardèrent ce qu'ils avaient pris !...

Cette population parisienne que MM. Trochu, Jules Favre, Ernest Picard et consorts, redoutèrent de consulter, ils ne se faisaient point faute, pourtant, de chercher à emporter d'assaut son admiration, partant sa confiance, par les plus étonnantes et les plus mensongères déclarations.

« Le gouvernement est, avant tout, un gouvernement de défense nationale », déclaraient dans le *Journal Officiel,* le 5 septembre 1870, les futurs signataires de la capitulation du 28 janvier 1871.

« — Nous ne sommes pas au pouvoir, mais au combat. Pour affronter cette lutte suprême, dans laquelle il suffit de persévérer pour vaincre, *la population parisienne* A CHOISI pour chefs les mandataires qu'elle avait déjà investis de sa confiance, et le général *dévoué* sur lequel repose spécialement l'organisation de la défense », écrivaient, le lendemain, dans la même feuille, les avocats qui s'étaient *imposés* à la foule, l'avant-veille!

« — Il faut que l'envahisseur rencontre sur sa route non-seulement l'obstacle d'une ville immense *résolue à périr plutôt que de se rendre*, mais un peuple entier, debout, organisé, *représenté*, UNE ASSEMBLÉE enfin qui puisse porter en tous lieux et en dépit de tous les désastres, l'âme vivante de la patrie », lisait-on encore, le 7 septembre, dans le journal du quai Voltaire, organe du gouvernement nouveau! Certes, oui, *une Assemblée* qui puisse porter partout l'âme vivante de la patrie, était alors nécessaire; mais, hélas! elle ne fut élue qu'après la défaite accomplie!

« — Pour nous l'ennemi s'est dévoilé; il nous place entre le devoir et le déshonneur: *notre choix est fait!* » Qui parlait ainsi le 21 septembre? Toujours le *Journal Officiel* du gouvernement qui capitula. *Son choix était fait!...* Triste à relire aujourd'hui.

« — *Pas un pouce de notre territoire, pas une pierre de nos forteresses.* » Jules Favre s'exclamait de la sorte, le même jour, dans sa circulaire à ses collègues! Cette déclaration solennelle, affichée contre les murs de Paris, reproduite six mois durant en tête de la première colonne du *National* et du *Siècle*, n'a préservé ni nos milliards, ni l'Alsace et la Lorraine!

« — On a répandu le bruit que le gouvernement de la défense nationale songeait à abandonner la politique pour laquelle *il a été placé*, (placé *par qui?*) au poste de l'honneur et du péril. Cette politique est celle qui se formule en ces termes: Ni un pouce de notre territoire, ni une pierre de nos forteresses. Le gouvernement la maintiendra *jusqu'à la fin.* » Jusqu'à la fin de quoi? On ne le sait que trop: jusqu'à la fin de sa résolution... à courte échéance!

— « Nous sommes un gouvernement *de défense* ET NON DE CAPITULATION. » Autre déclaration publique de Jules Favre. Les commentaires sont superflus.

— « La Prusse veut continuer la guerre et réduire la France à l'état de puissance de second ordre. La Prusse veut l'Alsace et la Loraine, jusqu'à Metz, par droit de conquête. Pour consentir à un armistice, la Prusse a osé demander la reddition de

Strasbourg, Toul et du mont Valérien. Paris, exaspéré, *s'ensevelirait plutôt sous ses ruines*. A d'aussi insolantes prétentions, en effet, on ne répond que par la *lutte à outrance*. » Aujourd'hui cependant, les *outranciers* de bonne foi sont dans les cachots de Versailles !

— « Toul et Strasbourg viennent de succomber. Elles ont, en tombant, jeté un regard vers Paris, pour affirmer, une fois de plus, l'unité et l'intégrité de la patrie, l'indivisibilité de la République, et nous léguer, avec le devoir de les *délivrer*, l'honneur de les *venger*. » Du 3 octobre : la délivrance et la vengeance sont bien loin !

« — A l'heure présente, l'appareil de la *mort* n'a rien qui doive *nous* effrayer ; *notre* devoir, pour la plupart, *notre* avenir est là. » Du 5 octobre : signé Trochu, Jules Favre, Jules Simon, Jules Ferry, Ernest Picard, etc., etc. Nul des signataires n'est encore mort, malgré ces be'les phrases !

— L'ennemi, qu'on le sache bien, s'arrête devant Paris, troublé par une résistance sur laquelle il ne comptait pas. Il sait *que la capitale peut le tenir en échec pendant de longs mois*. il sait aussi qu'*une attaque de vive force contre l'enceinte est impossible*. » Du 6 octobre, et à l'*Officiel* toujours.

« — Nous avons *tous* la résolution de *vaincre; tous, nous y sacrifierons notre vie*. » Même date... Et pas encore d'enterrements ! Les membres du gouvernement se portent à merveille !

« — Ni un pouce de terrain, ni une pierre de nos forteresses. Sus à l'ennemi ! *Guerre à outrance !* » Du 7 octobre ! Est-ce assez burlesque, à présent ?

« — Unis, armés, approvisionnés, résolus, plein de foi dans la fortune de la France, les Parisiens savent qu'il ne dépend que d'eux, de leur bon ordre et de leur patience, d'arrêter *pendant de longs mois* la marche des envahisseurs. » Du 8 octobre.

« — M'inspirant des devoirs qui nous sont communs à tous, et *des responsabilités que personne ne partage avec moi, je suivrai jusqu'au bout* LE PLAN *que je me suis tracé*, SANS LE RÉVÉLER. » !!! *Journal officiel* du 15 octobre 1870 ; signé : TROCHU. SON PLAN !... *Sa responsabilité !... Ses devoirs !!... Signé :* TROCHU. Répétons-le.

« — Le gouvernement a donné ordre au préfet de police d'arrêter le directeur du journal la *Vérité*. Quant aux faits révélés par le journal, la réponse du gouvernement est très-simple : *aucune nouvelle* reçue par lui n'a été dissimulée ; il a *toujours* fait connaître celles qu'il recevait, *au moment même où elles lui parvenaient.* » Du 16 octobre : que ceux qui ont de la mémoire se souviennent. Nous montrerons que, pour nous, nous n'avons pas oublié les détails curieux des démélés des frères Portalis avec Picard Ernest et Picard Arthur.

- Voilà déjà bien des impudences retracées : ce n'est pas tout ! A peine, au contraire, sommes-nous à moitié ! Poursuivons la reproduction de ces documents historiques et songeons que chacun de ces mensonges officiels a coûté une part de sang de nos 250,000 soldats morts, une portion des sept milliards et demi de nos frais de guerre, une parcelle de l'Alsace et de la Lorraine.

— Dépêche de M. Jules Favre à Gambetta. 10 octobre : « Très-heureux que vous ayez Bourbaki. Gardez-le. Je crois que le général Trochu serait fort aise de le voir général en chef de l'expédition qui sera destinée à nous donner les mains. »

— Dépêche du général Trochu à Gambetta, 19 octobre. « Gardez Bourbaki à tout prix. *Il sauvera la province,* COMME NOUS SAUVERONS PARIS. » Trochu savait-il si bien dire !

— Décret du 20 octobre. A l'avenir, la décoration de la Légion d'honneur sera exclusivement réservée à la récompense des service militaires et des actes de bravoure et de dévoûment accomplis en présence de l'ennemi. » Ah ! le bon billet qu'a La Châtre !

— *Journal officiel* du 29 octobre. « *Le Combat* affirme que le gouvernement trompe le public en lui cachant d'importantes nouvelles, et que le *glorieux* soldat de Metz déshonore son épée par une trahison. Nous donnons à ces deux *inventions* LE DÉMENTI LE PLUS NET. » Quoi d'impossible aux Quatre-Septembriseurs après cette audace ? Eh bien, lorsque nous expliquerons cet incident *par le menu*, nos lecteurs en apprendront de plus belles encore.

... Après ces citations, écourtées forcément, lorsqu'on se reporte à l'époque qu'elles visent, on est mal venu, certainement, à avoir de la sympathie pour MM. Trochu, Jules Favre et leurs acolytes, — mal venu à conserver du respect pour le gouvernement institué par eux. Néanmoins, dans nos révélations circonslanciées postérieures, nous établirons encore plus clairement le ridicule et l'odieux de leur usurpation.

Et déjà, à l'aspect de ce méli-mélo sério-comique de proclamations, à l'examen des actions grotesques qui venaient en démolir les effets chaque jour, à l'idée de l'avenir que préparaient visiblement à la France ces bavards forcenés, — qui s'étonnerait ensuite que les électeurs républicains de Paris aient jugé Trochu, Jules Favre, Jules Simon, Ernest Picard, Jules Ferry, comme MM. les députés *assermentés* de la Seine avaient appris jadis aux républicains à juger jadis Napoléon III ?

Blanqui l'a dit avec raison, lors de son jugement : *Les Quatre Septembriseurs furent les engendreurs naturels des communalistes.*

M. Louis Veuillot a, lui aussi, parlé d'or ! Trochu, Jules Favre, Jules Simon, Jules Ferry, Ernest Picard, de Rochefort, etc. ont occasionné, nécessité, créé, inspiré Raoul Rigault, Ferré, Lullier, Rossel, Assi, Paschal Grousset.

Après le *Journal officiel* des Quatre-Septembriseurs, feuilletons un instant : *Le siége de Paris*, tablettes au jour le jour éditées par M. de Villemessant.

— 31 octobre. Paroles de Trochu aux fédérés entrant à l'Hôtel-de-Ville : « Que demandez-vous ? Nous croyons avoir fait *le possible* et réparé déjà en grande partie les fautes impardonnables du gouvernement déchu... A l'heure qu'il est, nous pouvons dire avec certitude, *la ville de Paris est imprenable...* J'Y PASSE MA VIE ! *Nul plus que moi* n'est dévoué au salut commun, et nul ne veut davantage une guerre sans merci, *une guerre à outrance.* » Plus loin, nous verrons Trochu, déclarer, à la face du monde, qu'il n'aime que la vérité et toute la vérité ! MM. de Bismark et de Molke, en doivent d'autant plus rire, que nous en pleurons davantage !

Mais abandonnons cette journée du 31 octobre ; nous lui consacrerons nos soins dans le chapitre spécialement employé, après celui-là, à démontrer *l'irresponsabilité des prisonniers de Versailles, la justice et la nécessité de l'*AMNISTIE...

Sous le couvert d'une habile question de forme, MM. de la Seine ont enfin obtenu, le 3 novembre, un semblant de reconnaissance officielle de leur pouvoir. Leurs farces écrites lugubrement, commentées par leurs agissements, n'en continuent qu'avec plus de folie. Rien désormais ne leur paraît trop téméraire, quand il s'agit de tromper leurs lecteurs. Nous reproduisons, derechef, leur *Journal officiel.*

— 3 novembre. Jules Favre, *scripsit :* « Le Gouvernement n'a envoyé de communication ni au *Temps*, ni à aucun autre journal. Il n'a, malheureusement, reçu aucune dépêche annonçant une victoire du général Cambriels dans les Vosges. Une telle nouvelle, présentée sous cette forme, est, évidemment, de la part de ceux qui ont surpris la bonne foi du journaliste, *une manœuvre compliquée de* FAUX... Une instruction est ordonnée, elle fera connaître l'auteur de ce méfait. » Jules Favre *scripsit*, au grand étonnement de feu Millière, et de feu Laluyé.

— 4 novembre : signé Trochu, Jules Favre, Garnier-Pagès, Emmanuel Arago, Jules Ferry, Ernest Picard, Jules Simon, Eugène Pelletan : « Habitants et défenseurs de Paris ! Votre sort est entre vos mains. Votre attitude, depuis le commencement du siège, a montré ce que valent des citoyens dignes de liberté. Achevez votre œuvre ; *pour nous, nous ne demandons d'autre récompense que d'*ÊTRE LES PREMIERS AU DANGER. » Ils capitulèrent le 28 janvier et se sauvèrent le 18 mars !

— 14 novembre, signé Trochu: « *J'ai* voulu montrer que notre devoir était de regarder en face nos difficultés et nos périls, de les aborder sans trouble, de nous *cramponner* à toutes les formes de la résistance et de la lutte. » Trochu se cramponnant à toutes les formes de la lutte ! Quel tableau curieux à demander à Courbet ! Pa ssons !...

— 17 novembre, signé Trochu, Jules Favre et consorts : « *Quoi qu'il arrive*, la France qui n'a pas voulu la guerre sortira de la lutte *avec tout son territoire* et tout son honneur. » Qu'en dites-vous, Alsaciens et Lorrains ?

— De plus fort en plus fort, 29 novembre, signé Ducrot : « *Pour moi, j'y suis bien résolu, j'en fais le serment devant vous, devant la nation tout entière, je ne rentrerai dans Paris que* MORT OU VICTORIEUX. » Le pauvre homme...

— Même date, signé Trochu, « Nos frères nous appellent au dehors pour la lutte suprême. Mettant notre confiance en Dieu, marchons *en avant* pour la patrie. » Le lendemain, on repassait la Marne... Pourquoi ??... Mais, ne touchons pas davantage à nos désastres militaires. C'est assez de retracer toutes les facéties douloureuses des écrivassiers de la défense nationale. Il paraît que c'était une *défense* ! Et *nationale* encore !

Pauvres moblots! Pauvres marins! Pauvres gardes nationaux! Q'en pensent vos veuves et vos orphelins?... Malheureuse nation!

— Même date, signatures : toute la séquelle des écrivains en
écharpe; quinze avocats: « Nous comptons sur le succès, *nous
ne nous laisserons abattre par aucun revers! — Hum-
bug!* s'écriait Washburne à la lecture de cette proclamation.

« — 3 décembre, alors que Ducrot, en chair et en os, ra-
menait à Vincennes son armée : « Au général Trochu : Nous vos
collègues, *initiés à vos pensées*, nous saluons avec joie !!! ces
belles et grandes journées *où vous vous êtes révélé tout
entier !!!* »

Nota bene: toutes nos citations sont rigoureusement exactes :
qu'on s'en assure en consultant le *Journal officiel*. C'est in-
vraisemblable et toutefois, c'est vrai. *Où vous vous êtes révélé tout entier !* Ah! si cela ne nous avait coûté tant de larmes, comme nous en ririons !

Le *Journal Officiel* nous fournit encore les arlequinades
meurtrières que voici :

— 12 décembre, signé: Jules Ferry : « *La consommation
du pain ne sera pas rationnée.* » On croit rêver, n'est-ce
pas ! C'est pourtant textuel.

— « 15 décembre, signé: le Gouvernement de la défense.
« NOUS RÉPÉTONS QUE LE PAIN NE SERA PAS RATIONNÉ. » Nous
n'osons ajouter une ligne...

15 — décembre, signé: Jules Ferry. « *La viande ne nous
manque pas.* Il en sera distribué *tous les jours* dans les
boucheries municipales, *sans réduction d'aucune sorte*, sur
les quantités actuellement distribuées. »

— 15 décembre, signé : le gouvernement de la défense:
« Nous avons tous *juré* que rien ne nous coûterait pour *sauver*
notre pays, et *nous y parviendrons.* »

— 21 décembre, mêmes signatures. « Le gouvernement, le
général, l'armée, le peuple, persévèrent *plus que jamais* dans la
résolution de continuer *plus que jamais* la défense, aux prix
de tous les sacrifices, *jusqu'à la victoire définitive.* »

— 29 décembre. Après la première journée du bombardement. « La nouvelle phase, prévue depuis longtemps, dans laquelle entre le siège de Paris, pourra transformer les conditions

de la défense, mais elle ne portera atteinte *ni à ses moyens ni à son énergie.* »

— 31 décembre. Après les révélations du *Siècle*. « Je déclare ici qu'aucun dissentiment ne s'est produit dans les conseils du Gouvernement, et que nous sommes tous étroitement unis en face des angoisses et du péril du pays, dans la pensée et dans l'espoir de sa délivrance. Signé : Trochu. » Il plaidait *pro domo suâ.*

— Passons à 1871. — 2 janvier 1871. « Paris ne veut pas succomber. Sa population toute entière, d'accord avec les hommes qui ont l'insigne honneur de diriger sa défense, *repousse hautement toute capitulation.* Paris et le Gouvernement veulent combattre. » Plus loin, ils diront que *le devoir est de capituler.*

— Le bombardement redouble. 5 janvier. « Sa violence redoublera la résolution de la cité, qui veut *combattre et vaincre.* »

— 7 janvier. « *Rien ne fera tomber les armes de nos mains...* LE GOUVERNEUR DE PARIS NE CAPITULERA PAS. Signé : Trochu. » Il n'aime que la vérité, rien que la vérité et toute la vérité !

— Et maintenant, une lettre de Jules Favre à la Délégation de Bordeaux, 9 janvier. « La France ne se rendra pas, et, quel que soit notre sort, nous nous associerons à sa résistance... Nous mettons au-dessus de toute autre considération le salut de l'honneur national. Que je succombe en combattant pour la République, que je la confesse dans une prison de la Prusse, je n'en demeurerai pas moins inébranlablement acquis à sa cause. Et j'ai la confiance que la France ne déposera son épée que lorsque sa cause aura triomphé. »

— 10 janvier. Dépêche de Trochu à Gambetta. « La France et la République n'en doivent continuer que plus énergiquement *la lutte à mort* où elles sont glorieusement engagées avec les Césars de l'Allemagne. »

— 12 janvier, après l'article du *Siècle* sur le général Schmitz et ses acolytes : « Une trame abominable *dont les fils sont entre les mains de la justice* tend à accréditer dans Paris le bruit que des officiers généraux et autres sont et vont être arrêtés pour avoir livré à l'ennemi le secret des opérations militaires..., j'interviens *personnellement*, moins parce que j'ai le devoir de protéger l'honneur de ceux qui, sous mes yeux, se consacrent avec le plus loyal désintéressement au service du pays, que parce que J'AIME LA VÉRITÉ *et que je hais l'injustice.* Signé : Trochu. » Il aime la vérité, rien que la vérité et toute la vérité !

— 14 janvier, autre vérité écrite à Gambetta par Trochu : *Je n'en persiste pas moins ferme dans ma résolution de résistance,* » Pas de commentaires, n'est-ce pas ?

Au reste, voici le bouquet :

— 19 janvier, pendant Montretout. « *Souffrir et mourir, s'il le faut ; mais vaincre.* » Signé : les membres, les ministres et les secrétaires du gouvernement.

— Même date, 10 h, 10, matin : « *Retard de deux heures de la colonne de droite (général Ducrot).* » Signé : Trochu.

— Même date, 10 h. 32 m., Mont-Valérien. « *Je n'ai pas encore entendu un coup de canon prussien.* » Signé Trochu.

— Même date, 10 h. 50 m., Mont-Valérien. « *Un épais brouillard me dérobe absolument les phases de la bataille.* » Signé Trochu.

— 20 janvier, 2 h. « *Je ne puis encore savoir qu'elles sont nos pertes.* » Signé Trochu.

— Même date, 9 h. 30 m. « *Le brouillard est épais...* Il faut, à présent, parlementer d'urgence à Sèvres, pour un armistice de *deux jours* qui permettra l'enlèvement des blessés et l'enterrement des morts. Il faudra pour cela du temps, des efforts, des voitures très-solidement attelées et *beaucoup* de brancardiers. » Signé Trochu... Triste ! triste ! triste !

Trois jours après, Sapia tombait, le 22 janvier, sur la place de l'Hôtel-de-Ville... A qui incombait la faute de cette nouvelle journée ? Aux rédacteurs du *Journal officiel,* à coup sûr. Redisons-le souvent : le 18 mars n'eut pas d'autres parrains que les signataires de tous ces mensonges et de toutes ces affreuses arlequinades, au moyen desquelles, le patriotisme des Parisiens avait été chaque jour surexcité.

Achevons l'exposition de nos preuves.

— Le 23 janvier, que lisons-nous à l'*Officiel* ? une déclaration rassurante pour quiconque se souvient de la déclaration habituellement faite dans chacun des numéros précédents : « *Le* gouvernement ne faillira pas à son devoir. » Signé les membres, les ministres et les secrétaires du gouvernement.

— Mais, le 27 janvier, quelle surprise ! *Le Journal officiel*, cette fois, parle ainsi : « *Le gouvernement avait le devoir absolu de traiter.* « Les négociations ont lieu en ce moment.»

Il ajoute plus loin : « *L'armée allemande occupera les forts, mais n'entrera pas dans l'enceinte de Paris.* »

— Le 28 janvier, cependant, MM. Trochu, Jules Favre, Emmanuel Arago, Jules Ferry, Garnier-Pagès, Eugène Pelletan, Ernest Picard, Jules Simon, Le Flô, Magnin, etc., osent signer l'affiche suivante : « Nous sortons de la lutte qui finit, *retrempés pour la lutte à venir*. NOUS EN SORTONS AVEC TOUT NOTRE HONNEUR. » Ils vont plus loin ; « Paris, disent-ils, veut être sûr que la résistanc a duré jusqu'aux dernières limites du possible. Les chiffres que nous donnerons en seront la preuve irréfragable, et nous mettrons qui que ce soit au défi de les contester. »

— Le même jour a lieu la capitulation.

. . . .

Tout ce que nous pourrions en citer, ne servirait qu'à allonger ce chapitre déjà si considérable : nul *patriote* n'ignore les termes de cette capitulation signée par M. Jules Favre. Rappelons simplement cet alinéa : « Les opérations militaires sur le terrain des départements du Doubs, du Jura et de la Côte-d'Or, ainsi que le siége de Belfort, *se continueront indépendamment de l'armistice*. » On sait que LES PRUSSIENS SEULS FURENT AVERTIS DE CETTE CLAUSE INCROYABLE, et l'on connaît ses conséquences pour l'armée de Bourbaki.

Et maintenant, l'armistice a été conclu, nos forts occupés, les préliminaires de la paix soumis à l'approbation ou au blâme ; — le gouvernement parisien de la Défense Nationale, attend l'expression de la gratitude ou de l'indignation des Français : — reproduisons un passage opportun de la *dépêche de Gambetta au peuple*, en date de Bordeaux, 31 janvier 1871 : « *Non, il ne se trouvera pas un Français, pour signer ce pacte infâme...* AUX ARMES !... » Ah ! si M. Gambetta avait pu ce qu'il voulait, ou, au moins, si ces hommes de la prétendue défense avaient eu son énergie et son patriotisme !... Mais, nous sortons de notre cadre.

Pour y rentrer, il nous suffira d'extraire deux lignes

étonnantes de la proclamation du gouvernement de la Défense,
en date de Paris, 4 février : « LA CONVENTION? *du 28 Janvier*
n'a jamais compromis aucun intérêt !... Paris seul a été
sacrifié. » Ainsi, ces MM. de la Défense AVAIENT DÉJA OUBLIÉ,
du 28 janvier au 4 février, *la perte de l'Alsace et de la Lor-*
raine, la captivité de nos armées, la contribution et les
frais de la guerre !...

Après cela, peut-on s'étonner encore des événements du 18
mars? Le sentiment populaire n'était-il pas tellement porté à
l'indignation que tous les Parisiens un peu clairvoyants devaient,
dès lors, en redouter l'explosion légitime? Qu'on examine les
noms des élus du 8 février dans la capitale ; on verra déjà poin-
dre la Commune et l'on comprendra que MM. Louis Blanc, *Vic-*
tor Hugo, Gambetta, *Garibaldi*, Edgard Quinet, *Delescluze,*
Félix Pyat, *Gambon*, *Lockroy*, *Rano*, *Malon*, *Floquet,*
Cournet, Tolain, *Ledru-Rollin*, *Millière*, etc., préparaient
naturellement la place à Lefrançais, Varlin, Vaillant, Dereuro,
Chalain, Ranvier, Rogeard et Tony Moilin, — en suite des exploits de MM. les ex-députés de la Seine sous l'Empire.

Dès ces élections du 8 février, nous pouvons l'écrire avec as-
surance, le résultat prochain des farces du gouvernement de la
défense nationale était prévu. Un exemple de cette prévision,
entre mille : le 22 février, à Versailles, un M. Régnier dont nous
aurons à entretenir longuement nos lecteurs, faisait tenir à M.
Thiers, pendant sa conférence avec M. le comte de Bismark, la
note commençant ainsi :

« *Le plus mauvais service que l'on a pu rendre à la garde*
nationale de Paris, connaissant son but, — *à la ville de Pa-*
ris, considérant sa tranquilité et son bien-être, — *à la France*,
considérant la possibilité d'une guerre civile et la stabilité du
gouvernement qu'elle va se donner, — *à l'Allemagne*, considérant la paix durable et avantageuse à laquelle ses victoires lui
donnent droit, — *à l'Europe et au monde*, considérant la so-
lidarité de tous les États, dont l'un ne peut éprouver une com-
motion considérable sans que les autres n'en ressentent le con-
tre-coup, — *a été le non désarmement de la garde natio-*
nale de Paris. »

A son point de vue, évidemment, M. Régnier n'avait pas tort ;
après les comédies si coûteuses dont la capitulation du 28 janvier était l'épilogue, nul doute qu'en laissant leurs armes aux

républicains patriotes de Paris, on ne permit une revendication sanglante de la part d'une population justement exaspérée.

Après le vote des préliminaires de paix par l'Assemblée de Bordeaux, par 546 voix contre 107, — après l'occupation temporaire des Champs-Élysées par les Prussiens, — après l'échange des lettres fameuses de Guillaume de Prusse au Tzar des Russies et du Tzar à Guillaume, — après la constatation des frais occasionnés à la France par la guerre et l'imposition de la terrible contribution de cinq milliards par la Prusse, — après la divulgation des conditions réelles du traité de paix et la publication de la nature et de la durée de l'occupation des pays envahis par les Allemands, — enfin, après la suppression des journaux républicains et l'aggravation de l'affaire des canons, — *le tout Paris politiqueur* attendit avec anxiété le terme fatal d'une crise aussi extraordinaire. Par anticipation, chacun se prépara aux plus effroyables cataclysmes sociaux, maudissant Trochu, Jules Favre, Jules Simon, Ernest Picard et consorts, directs auteurs de ces calamités.

En effet, Paris venait d'être énervé par un long siège; une capitulation étrange avait mis le comble à son irritation; ses habitants, fatigués de tout, étaient prêts à tout accepter plutôt que de subir davantage les demi-dieux du 4 septembre... et la foule fanatique, hystérique, affamée, avait des armes ! Au contraire, de folies en folies, la sottise de ceux qui devaient tenir ferme le drapeau national en était arrivé à n'avoir d'égal que leur ignorance des moyens propres à garantir le bien public, à conserver l'ordre dans Paris.

Le 18 mars devait être la conséquence de ce chaos matériel et moral. C'est ce qui advint!..

Seulement, le gouvernement du 4 septembre avait détruit la moitié de la France; le gouvernement de la Commune ne détruisait qu'une partie des édifices de Paris.

Le 4 septembre avait eu lieu au plus critique instant de la guerre; le 18 mars eut lieu après la plus indignante capitulation.

Les Quatre-Septembriseurs avaient mal conduit la défense de la capitale; les communalistes, *dépourvus de tout*, résistèrent 72 jours à toutes les forces de toutes les réactions coalisées.

Les huit ou dix avocats de l'Hôtel-de-Ville, avaient soigneusement réservé leurs personnes et mis uniquement leur plume et leur langue au service de Paris assiégé ; les apôtres de la Commune se firent tuer pour la défense de leurs opinions.

Le 4 septembre avait été l'œuvre de quelques ambitieux ; le 18 mars fut l'ouvrage de tout un peuple de prolétaires-travailleurs.

Le 4 septembre avait été fait contre un gouvernement ratifié vingt fois par le suffrage universel, plus ou moins libre, il est vrai, mais enfin fonctionnant ; le 18 mars fut fait contre une réunion d'intrigants, contre un gouvernement de hasard et de passage...

« Le programme de la Commune, a écrit M. Léonce Dupont ne fut en grande partie que le développement politique et social du programme de septembre... Cependant, si l'on considère que, sans la révolution de septembre, la guerre devait cesser ou être mieux conduite ; si on calcule ce que nous a coûté l'invasion de vingt et un départements, ce qu'elle a fait périr d'hommes, ce qu'elle a englouti d'argent, *on arrive à se demander* DE QUEL COTÉ SONT LES PLUS GRANDES RUINES ET LES PLUS GRANDES RESPONSABILITÉS ? »

M. Louis Veuillot a répondu à cette question importante et il a répondu sagement, avec impartialité. Oui ! on eût pu, on devait, après la victoire, faire grâce aux prisonniers de Versailles ; on devrait juger et condamner M. le général Trochu et tous ses collègues du gouvernement de la Défense.

Cela bien établi, laissons au temps et à l'histoire le soin de répartir à chacun la part de ses vertus et de ses crimes, et, démontrons la justice et la nécessité d'une amnistie pour les gardes nationaux fédérés, condamnés ou encore prévenus. Ils sont irresponsables ; Jules Favre et Trochu les avaient rendus inconscients.

IRRESPONSABILITÉ

DES PRISONNIERS DE VERSAILLES

JUSTICE ET NÉCESSITÉ DE L'AMNISTIE

L'Assemblée de Versailles semble oublier qu'elle assiste à l'effondrement du vieux monde. Les moins endurcis de nos représentants s'effrayent, il est vrai, des ruines matérielles accumulées autour d'eux; mais nul ne veut aller jusqu'au fond des choses et chercher le mal à la racine pour l'extirper. On regarde seulement la surface, puis, tout épouvanté par l'ensemble du tableau, on se signe béatement aux applaudissements de ce pauvre M. Jean Brunet, — ex-candidat au grade de dictateur militaire de la Commune, aujourd'hui pire clérical que Louis Veuillot et plus légitimiste que Villemessant!

Penseur et progressiste, nous ne voyons dans ce gâchis qu'une extrême surabondance de divisions sociales qu'une amnistie ferait immédiatement tourner à l'avantage du pays et de la société.

En effet, on croit à tort que réprimer suffit pour supprimer. On pense faussement réduire à néant les aspirations des classes déshéritées, parce qu'on a fusillé Rossel, Ferré, Gaston Crémieux, Bourgeois, Lagrange, Herpin-Lacroix, Verdaguer, Bouin, Boutin, Rouilhac, Baudoin, Genton, Cerisier, etc.; — et envoyé à Toulon Gustave Maroteau, Fontaine, Humbert et le maire de Puteaux, — pendant qu'on enfermait au fort Boyard Paschal Grousset, de Rochefort, Verdure, Assi, etc., etc. — (on en pourrait, hélas! compter ainsi environ six mille!) On suppose ridiculement qu'une victoire aussi sanglante que celle des 21-29 mai 1871 éteint le paupérisme et enraye le mouvement en avant de l'*Association internationale des Travailleurs!*

Quelle erreur radicale!

Pour refouler ou simplement contenir la marée montante de

la démocratie. Il faudrait, d'abord, d'autres hommes que ceux qui, depuis le 8 février, au lieu de songer à libérer le territoire national de l'occupation allemande, disputent imperturbablement de fusions de partis, de prorogation de pouvoirs et d'église à élever sur le Trocadéro !

La vérité nue, la voici :

Le triomphe de mai-juin dernier sera plus funeste qu'une défaite à MM. de Versailles, s'ils ne se retiennent enfin sur la pente où cette hécatombe inexorable les a lancés. Il y a, en effet, dans les vaincus, l'avenir le prouvera, des forces incompressibles dont on n'aura satisfaction qu'en les dirigeant, au lieu de les poursuivre à outrance, — car la sève prolétaire monte invinciblement dans le vieil arbre de la nation française !

L'enseignement qui ressort de ces faits, le voici donc :

Il faut instruire les masses, non les déporter ; — rappeler au bien les égarés, non les mettre à mort ; — pardonner à ceux que la souffrance entraîne, non les achever ; — céder un peu aux affamés qui demandent beaucoup, non leur ôter ce qui leur reste ; — apaiser les passions par une tolérance indulgente, non les surexciter par une implacabilité féroce ; — calmer les haines par la douceur et des améliorations, non les décupler par les représailles ; — élever enfin ceux qui sont fatigués de ramper et de servir de piédestal, non les enfoncer davantage dans la fange et grossir le pied de l'édifice gouvernemental qu'ils supportent !

Si l'on résiste follement à ce que l'on ne peut vaincre, on ira de bataille en bataille, emplissant avec du sang le tonneau des Danaïdes (suivant la belle expression d'un anonyme contemporain), jusqu'au jour où la marée de la démocratie, dont nous parlions tout à l'heure, la marée de la Commune renaissante, emportera du même coup les Danaïdes et le tonneau, — MM. de l'essai loyal et l'Assemblée de Versailles !

L'amnistie préviendrait ces nouvelles calamités.

Pour faciliter cette amnistie, après avoir attribué, pièces en mains, la paternité des journées du 31 octobre, du 22 janvier et du 18 mars aux auteurs et bénéficiaires de la journée du 4 septembre 1870, montrons que les prisonniers de Versailles ne sont point responsables des derniers événements, ou, du moins, doivent bénéficier de circonstances extraordinairement atténuantes. Un résumé de l'histoire des élections de la Commune remplira ce but conciliateur : en épigraphe, disons avec M. Léonce Dupont : « La Commune montra ce que le 4 septembre n'avait « point montré, des hommes qui savent mourir. » Ajoutons aussi que : les Communalistes procèdent d'un sentiment moins égoïste que les Quatre-Septembriseurs.

Dès le 22 septembre 1870, dix-huit jours après l'escalade de l'Hôtel-de-Ville par Jules Favre, Ernest Picard et Jules Simon, — les gardes nationaux parisiens faisaient sur la place de Grève des manifestations pour demander des élections municipales. Ils réclamaient, tout au moins, l'adjonction aux membres du gouvernement de la Défense nationale des citoyens Félix Pyat, Blanqui, Delescluze, Victor Hugo, Louis Blanc et Ledru-Rollin. Ces élections, MM. du 4 septembre les avaient promises pour le 20 du même mois; mais, lorsqu'ils virent la population ainsi désireuse de les faire, ils s'empressèrent, *attendu la guerre*, de les ajourner indéfiniment. La raison était fallacieuse; à dire vrai, l'ajournement n'était occasionné que par la crainte d'un *blackboulage* très-significatif pour MM. Trochu, Jules Ferry, Garnier-Pagès et consorts.

Le 29, Flourens et ses cinq bataillons vinrent, à ce propos, témoigner de leur intelligence parfaite des motifs de ce premier déni de parole. Le gouvernement promit alors de réfléchir, d'examiner et laissa supposer un retour sur sa décision négative de la veille.

Le 5 octobre, après une nouvelle réponse dilatoire du général Trochu au major Flourens, derechef réclamant, M. Gambetta intervint, faisant observer que le gouvernement avait résolu de procéder aux élections, lorsque les listes électorales seraient faites et révisées, mais que personne ne s'en occupait dans les mairies, la chose étant impossible en ce moment.

Le 6, le commandant du 74e bataillon de la garde nationale, exposant à MM. Dorian, Chaudey et Ferry (en présence du commandant Noirot, et des citoyens Combault et Langevin) la nécessité de ces élections *quand même*, — M. Dorian lui ordonna presque officiellement de réunir son bataillon et de lui demander si, *oui ou non*, les gardes étaient d'avis de remplacer les demi-dieux du 4 septembre par une Commune élue, — c'est-à-dire de faire des élections municipales. Sur 1,576 votants, le commandant Cromier obtint 1,504 votes en faveur de

la Commune, et *le Combat* publia *in extenso*, quinze jours de
suite, le procès-verbal de ce vote en tête de ses colonnes.

Le 8, au matin, le Gouvernement, malgré la promesse formelle de M. Dorian, répliquait au vote, du 74° par cette notifi-
cation :

« Le Gouvernement avait pensé qu'il était opportun et con-
« forme aux principes de faire procéder aux élections de la mu-
« nicipalité de Paris, mais, depuis cette résolution prise, la si-
« tuation ayant été profondément modifiée par l'investissement
« de la capitale, il est devenu évident que des élections faites
« sous le canon seraient un danger pour la République... En
« conséquence, le Gouvernement a ajourné les élections muni-
« cipales jusqu'à la fin du siége. »

Le 8, au soir, manifestation communaliste plus importante
encore que les précédentes et non moins suivie de faux-fuyants
échappatoires de la part de M. Jules Ferry, secrétaire du Gouvernement de la... défense. En revanche, déjà M. Paul Cambon,
secrétaire du même Ferry, préludait à ses exploits préfectoraux
d'aujourd'hui en menaçant de faire fusiller les partisans des
élections pour s'en débarrasser radicalement.

Le 9, le comte Henri de Rochefort de Luçay, *descendu dans
les sous-sols les plus impénétrables de sa conscience*, dai-
gnait, à son tour, reconnaître la nécessité de ces élections, mais
ne voulait point soulever sur cet incident une question de cabi-
net et refusait par une lettre publique de se démettre de ses
fonctions de... président de la commission des barricades, où
MM. Louis Ulbach, Ernest Blum et autres guerriers étaient ses
adjoints valeureux.

Le 31 octobre, dans la nuit, l'affiche suivante était adressée
à tous les journaux par les soins de M. Etienne Arago, maire de
Paris :

« Citoyens,

« Aujourd'hui, à une heure, les maires des vingt arrondisse-
« ments, réunis à l'Hôtel-de-Ville de Paris, ont déclaré à l'una-
« nimité que, dans les circonstances actuelles et dans l'intérêt
« du salut national, il est indispensable de procéder aux élec-
« tions municipales.

« Les événements de la journée rendent tout à fait urgente la
« constitution d'un pouvoir municipal autour duquel tous les
« républicains puissent se rallier.

« En conséquence, les électeurs sont convoqués pour demain
« mardi 1er novembre, dans leur section électorale, à midi.

« Chaque arrondissement nommera, au scrutin de liste,
« quatre représentants. Les maires de Paris sont chargés de
« l'exécution du présent arrêté.

« La garde nationale est chargée de veiller à la liberté de
« l'élection.

  « Vive la République !

« Fait à l'Hôtel-de-Ville, le lundi 30 octobre 1870.

« Étienne Arago, maire de Paris; Ch. Floquet, Henri Bris-
 « son, Ch. Hérisson, Clamageran, adjoints au maire de
 « Paris. »

Voyons ce qu'il advint de cette déclaration solennelle.

Quelques heures plus tard, le *Journal officiel*, du mardi
1er novembre, contenait un entrefilet tout honteux, et ainsi
conçue :

« Le Gouvernement doit mettre en garde les électeurs contre
« toutes convocations hâtives, de quelque nature qu'elles
« soient. Les mesures discutées hier au conseil du Gouverne-
« ment doivent être soumises, ce matin même, à une nouvelle
« délibération. »

En même temps, les affiches apposées la veille par les soins
de la mairie centrale, étaient partout arrachées, d'ordre du
Gouvernement. Puis, le soir, elles étaient remplacées par cette
proclamation nouvelle :

« L'affiche publiée hier, pendant que les membres du Gou-
« vernement étaient gardés à vue, annonce des élections ma-
« tériellement impossibles pour aujourd'hui, et sur l'opportu-
« nité desquelles le Gouvernement veut connaître l'opinion de
« la majorité des citoyens. En conséquence, il est interdit aux
« maires, sous leur responsabilité, d'ouvrir le scrutin.

« La population de Paris votera jeudi prochain, par oui ou
« par non, sur la question de savoir si l'élection de la munici-
« palité aura lieu à bref délai.

« Jusqu'après le vote, le Gouvernement conserve le pouvoir
« et maintiendra l'ordre avec énergie. »

Enfin, le soir, une dépêche était communiquée à la mairie
centrale par un maire d'*arrondissement*... Elle déclarait les
élections interdites, et chargeait M. Charles Ferry de l'exécution
de cet ordre nouveau.

Naturellement, MM. Etienne Arago, Ch. Floquet et Henri Brisson adressèrent aussitôt leur démission collective au minstre de l'intérieur dans les termes suivants dont l'importance est capitale :

«Paris, le 1er novembre 1870.

« Citoyen ministre,

« Dans la matinée d'hier, et *avant* qu'aucune pression
« s'exerçât sur l'Hôtel-de-Ville, les maires de Paris étaient ap
« pelés par nous à une réunion à laquelle nous avons eu l'hon
« neur de *vous inviter aussi*. A l'unanimité, ils décidèrent
« que la gravité des événements et la nécessité de maintenir
« l'ordre et l'harmonie au milieu de l'émotion publique, exi
« geaient des élections municipales immédiates.

« Cette décision ayant été portée par le maire de Paris et ses
« adjoints au Gouvernement, *le Gouvernement a autorisé*
« le maire de Paris à déclarer que les élections immédiates
« étaient accordées. Cette déclaration a été faite par le citoyen
« Etienne Arago et par un autre membre du Gouvernement à la
« foule assemblée dans la grande salle.

« La situation s'étant plus tard aggravée, la mairie de Paris,
« *d'accord avec un ministre du Gouvernement*, et, de
« concert avec les maires d'arrondissements, qui n'avaient pas
« quitté l'Hôtel-de-Ville, — la mairie de Paris a délibéré et ré
« digé l'affiche qui appelait les électeurs au scrutin pour au
« jourd'hui. Nous en acceptons toute la responsabilité, car
« c'est dans la sincérité de notre dévouement à la République
« que nous avons pris cette mesure. Nous ne voulons pas exa
« miner dans quelles limites elle a aidé à l'apaisement des pas
« sions surexcitées et au rétablissement de l'influence du Gou
« vernement.

« Aujourd'hui, la mairie de Paris est publiquement désavouée
« par une note du *Journal officiel* et par une dépêche que
« nous recevons à l'instant. Ces documents ne se contentent
« pas de donner un délai de quelques heures de plus aux élec
« teurs pour méditer et peser leurs votes. Ils transforment com
« plétement la situation créée hier par la mairie de Paris.

« En conséquence, nous avons l'honneur, citoyen ministre,
« de déposer nos démissions de maire de Paris et d'adjoints au
« maire de Paris.

« Signé : Etienne Arago, Ch. Floquet, H. Brisson. »

D'autres protestations se produisaient, jusque dans les mairies les plus modérées de Paris. Nous en citerons la plus courte :

« Citoyen maire Etienne Arago,

« Je suis porteur de plusieurs protestations contre le vote
« du plébiscite annoncé pour jeudi. Mon conseil d'armement
« tout entier a voté contre, et je puis vous assurer que le sen
« timent populaire réclame de la façon la plus formelle, ia plus
« énergique et la plus unanime, les élections des quatre-vingts
« conseillers municipaux.

« Je considère qu'il y a urgence à y procéder dans le plus
« bref délai, et j'affirmerais que, par ce moyen, l'on satisfera
« tout le monde, et l'on mettra fin à la terrible crise que nous
« traversons.

« Salut et fraternité,

« Le maire du XII° arrondissement,

« A. GRIVOT. »

On sait que, dans la suite, MM. Jules Favre et Trochu ne tinrent pas plus la promesse contenue dans l'affiche du 1er novembre que celle contenue dans l'affiche du 30 octobre. Ils ne consultèrent nullement la volonté de la majorité des citoyens sur la question de savoir si elle voulait choisir une municipalité et un gouvernement.

Non ! ces loyaux gouvernants décrétèrent, *motu proprio*, le 2 novembre, un plébiscite, à l'instar de celui du 8 mai 1870, qu'ils avaient si fort décrié ! Ce procédé leur réussit, et, pour un temps, MM. de la Défense !!! furent garantis contre une surveillance gênante ou une impulsion franchement patriotique dont leur quiétude (pour ne rien dire de plus) eût été troublée.

Malgré cela, le XX° arrondissement procédait à ces élections si controuvées et nommait les citoyens Ranvier, Millière, Gromier, Germain Casse et Flourens. Aussitôt le Gouvernement révoquait de leur grade de chefs des bataillons excentriques (*grade acquis à l'élection*) les citoyens Gustave Flourens, Razoua, Goupil, Ranvier, de Frémicourt, Longuet, Jaclard, Cyrielle, Levraud, Millière, Dietsch, Tessier de Marguerittes, Eudes, Barberet et Gromier.

Se croyant alors tout-puissants, Jules Favre, Ernest Picard et Trochu crurent pouvoir se dispenser d'être justes et de tenir leur parole. Jusqu'au 3 novembre, ils n'avaient pas élevé la prétention qu'aucune convention n'eût présidé à l'évacuation de l'Hôtel-de-Ville, et nulle poursuite n'avait été ordonnée.

Après le triomphe apparent du plébiscite, — renouvelé de l'Empire, — les poursuites commencèrent, et l'on emprisonna les principaux chefs du parti communaliste : Félix Pyat, Millière, Lefrançais. Puis, lorsque tous les républicains sincères furent réduits, par la mauvaise foi et la violence, à l'impuissance et à l'inaction, un *escamotage* eut lieu qui permit aux élus municipaux du 5 novembre de créer une Commune anodine, dont MM. du 4 septembre voulurent bien daigner ne pas s'offusquer, sous la condition expresse que ces élus ne feraient œuvre de leurs dix doigts !

Le général Tamisier, commandant en chef de la garde nationale parisienne, indigné de tant de duplicité, se démit de ses fonctions et fut remplacé par Clément Thomas. Le préfet de police, M. Adam, se retira pour les mêmes motifs et céda son poste à M. Cresson. L'habile et intègre ministre des travaux de la Défense, le dévoué républicain, M. Dorian, garda courageusement le souvenir des promesses gouvernementales ainsi parjurées, et, récemment, lors du procès Blanqui, M. Dorian apparut devant le 5e conseil de guerre de Versailles pour affirmer solennellement le manque de parole de ses ex-collègues du Gouvernement.

Certes, personne ne nous contredira, lorsque nous prétendrons que ces serments toujours violés préparèrent les néfastes événements du 18 mars !

MM. Jules Favre et Trochu, pourtant, allèrent plus loin encore !... Dans le XXe arrondissement, après l'annulation des élections du 1er novembre, on avait procédé, le 5 suivant, à la réélection nécessaire : Ranvier, Vésinier et autres élus, paraissant trop à craindre, — ils furent enfermés à la Conciergerie, par respect sans doute pour le suffrage universel... Une commission nommée d'office les remplaça ; les citoyens qui la composaient jugeaient eux-mêmes si bien l'illégalité de leur situation que, tous les jours, ils écrivaient à M. Jules Ferry pour lui demander la permission d'abandonner la place !

Au reste, les élus des dix-neuf autres arrondissements ne se trouvaient guère plus favorisés. On leur laissait une existence purement nominale ; de fait, ils n'exerçaient aucun pouvoir et n'étaient même pas admis, au moins à titre consultatif, dans ce qui intéressait la défense de la capitale ! Par suite, les plus autorisés donnèrent à leur tour leur démission pour sauvegarder la dignité de leurs électeurs et leur honneur personnel.

Alors les vingt arrondissements s'insurgèrent à nouveau et déléguèrent mandat de les représenter à des citoyens qui publièrent et affichèrent, le 6 janvier 1871, un *Appel au Peuple*, réclamant la Commune effective. Un appel au peuple! cela ne pouvait plaire à MM. de la Défense : cent quarante mandats d'amener furent lancés contre les cent quarante signataires de la proclamation revendicatrice.

Indignés au delà de toute mesure, les membres de la commission (nommée d'office) du XX° arrondissement, MM. Joffe, Jules Caroz, Métivier, Gérard, Topard, Simboiselle, Chavanon, etc., envoyèrent à M. Ferry une nouvelle démission collective que le fameux plénipotentiaire *in partibus* s'empressa plus que jamais de refuser en ces termes curieux :

« Vous vous obstinez à m'adresser votre démission, je m'obs
« tine à la refuser... Les élections, qui trancheraient toutes les
« difficultés, sont impossibles à l'heure présente... » (Pauvres élections ? elles ont la propriété d'être possibles ou impossibles, suivant qu'elles doivent ou non satisfaire MM. du 4 septembre !)

Continuons notre citation :

« Je n'ai pas, pour mon compte, de plus ardent désir que de
« voir se lever le jour, que j'espère prochain, où le suffrage
« universel, régulièrement, librement, solennellement con
« sulté, remettra dans cette grande cité parisienne toutes choses
« en leur place. »

Certes, on ne pouvait mieux parler !... Ce sont là des déclarations officielles fournissant des arguments indiscutables aux partisans de l'élection communaliste du 26 mars.

Maintenant, comment ce vote s'est-il effectué ? Régulièrement ? librement ? solennellement ?...

On va le voir.

La Chambre de Bordeaux et l'Assemblée de Versailles s'étaient désintéressées de Paris. La grande ville, résumé du monde entier, se croyant à tort ou à raison le droit d'abriter la Représentation nationale, émanation de la France entière, répondit en se désintéressant des députés réunis dans le palais de l'ancien Roi-Soleil. L'événement du 18 mars ne fut que la conséquence de ce chaos matériel et moral.

Au matin de ce jour néfaste, Paris, déjà insurgé contre la mort morale qu'on voulait lui infliger, s'indigna contre le gouvernement de la ville ; à midi, Paris acclama les adversaires triomphants du coup d'Etat manqué par Vinoy. Le soir, Paris, dans la stupeur, demandait s'il devait crier *haro* sur les soldats du 88ᵉ de ligne, meurtriers de Clément Thomas et de Lecomte, ou crier *holà* contre les Jules Favre, les Jules Simon, les Jules Ferry, les Jules Trochu, les Jules Ducrot et les Ernest Picard, auteurs directs de ces méli-mélo foudroyants... Voilà la vérité !...

Le 19 mars, le lendemain, à la nouvelle de la fuite aussi précipitée qu'inattendue de MM. du Gouvernement à Versailles, — Paris, hébété, effaré de n'avoir plus de maître, plus d'armée régulière, plus de police, — Paris, abandonné, se laissa prendre par qui voulut de lui. Le Comité central de la Fédération de la garde nationale s'en empara ; — comme jadis, après l'abandon de Sedan, les hommes du 4 septembre s'étaient emparés de la France. Bon chien chasse de race, et l'homme est un singe qui parle : les gens du 18 mars ne furent que les imitateurs du général Trochu, — avec cette différence capitale, qu'après leur prise de possession, ils en appelèrent immédiatement à la ratification populaire.

Comment les ouvriers furent-ils poussés à suivre l'exemple des avocats ? C'est facile à dire :

Exciter les passions, les irriter, les armer, telle avait été l'œuvre des membres du barreau qui formèrent, de leur propre autorité, le pseudonyme de la Défense nationale. « A peine, dit
« encore M. Léonce Dupont, les nouveaux maîtres de la France
« furent-ils installés ; — à peine, pour sauver au moins les ap-
« parences, avaient-ils donné à leur usurpation le titre menteur
« et cruellement ironique sous lequel ils ont fonctionné six mois
« entiers, que les faubourgs s'aperçurent qu'ils allaient être
« cruellement déçus. Pendant vingt ans, ces hommes avaient
« excité les faubourgs ; ils avaient dit formellement qu'aussitôt
« l'Empire renversé, la classe ouvrière aurait sa part dans le
« pouvoir, que la condition des travailleurs serait améliorée...
« Dans leurs discours publics et privés, n'avaient-ils pas an-
« noncé qu'ils élèveraient le salaire et qu'ils réaliseraient les
« rêves du prolétariat ? Dans le club de la rue de Lyon, M. Jules

« Ferry n'avait-il pas dit qu'il abolirait le soldat, qu'il abolirait
« le prêtre, qu'il abolirait le juge?... M. Jules Favre n'avait-il
« pas promis aux gens de la Villette tout ce qu'ils pouvaient
« rêver?... Les Prussiens avaient à peine imposé leur paix que
« la populace a vu qu'elle n'aurait rien de ce qu'on lui avait
« promis, et que la révolution sociale allait être indéfiniment
« ajournée. Elle s'est mise alors à faire une révolution à son
« profit. Elle n'a eu qu'à recommencer ce qu'elle avait vu exé-
« cuter cinq mois auparavant. Trouver quelque part des hom-
« mes aussi éminents que M. Jules Ferry et M. Glais-Bizoin ne
« lui semblait pas difficile. Le coup se fit donc, et le soir du
« 18 mars, comme le soir du 4 septembre, il y eut un gouver-
« nement quelconque à l'Hôtel-de-Ville. » *(La Commune et
ses auxiliaires.)*

Non! l'irresponsabilité des prisonniers actuels de Versailles
ne peut, un instant, rester en doute pour toute personne qui
voudra consciencieusement peser et comparer ces deux insur-
rections.

Cette irresponsabilité des gardes nationaux fédérés, anciens
outranciers du premier siége, on la comprendra mieux encore lorsque, dans le *Mémorial d'un Roman contemporain*,
nous raconterons les circonstances à la suite desquelles Bismark accorda aux pleurs hypocrites du très-honorable ennemi
de feu Laluyé le non désarmement de la garde nationale;

Lorsque nous narrerons les détails de l'histoire des canons
mis hors de l'atteinte des Prussiens par le patriotisme diligent
des habitants des faubourgs, — la veille de l'occupation temporaire du quartier des Champs-Élysées;

Lorsque nous expliquerons l'origine de la formation du Comité central précité, qui se trouva si à propos constitué, au début de la crise, par Assi, Lacord, Grelier, Blanchet-Panille, Gouhier, Chouteau, etc.;

Lorsque nous détaillerons les hardiesses des trop fameux
chevaliers de la butte: Ch. Lullier, Gasnier, Raoul du Bis-
son, Valigranne, Dardelles, Meyer du 220e, Durassier, Poulizac
(plus tard tué sous un uniforme versaillais);

Lorsque nous exposerons l'habileté improvisée de Varlin,
Jourde, Theisz, Vaillant, Cournet, Protot, Arnault, Treillard, etc.;

Lorsque nous éclairerons convenablement le dessous des
cartes alors en jeu : 1° la tentative Bonne et de Pène, dite ma-

nifestation des *Amis de l'Ordre* (21 et 22 mars); 2° la proclamation de M. Tirard, maire du 2° arrondissement; 3° l'essai de résistance de l'amiral Saisset sur la place de la Bourse; 4° les démarches de l'ex-général Cremer; 5° l'épître de M. Not-Langlois; 6° les affiches pseudo-officielles, plus tard démenties par M Thiers, après insuccès; 7° les insanités, les concessions, les tripotages, et les excentricités de certains coquins.

Cette irresponsabilité, on la comprendra bien mieux encore lorsque nous rappellerons l'enthousiasme, relatif mais manifeste, qui accueillit les élections du 26 mars, promises officiellement, solennellement, consenties par les maires, les adjoints, les députés de Paris qui, presque tous, du reste, se portèrent candidats, au vu, au su et avec l'approbation du gouvernement de M. Thiers.

Certes, ces élections furent régulières! Elles furent générales: près de *trois cent mille* votants y prirent part!

N'oublions pas les proclamations qui les avaient précédées: elles appartiennent à l'histoire; elles plaident singulièrement en faveur de l'amnistie. Nous donnons les noms de tous les signataires, avec prière au lecteur d'aller voir dans les prisons de Versailles s'ils ont été inscrits sur le registre d'écrou:

1° « Les maires et adjoints de Paris et les représentants de la
« Seine font savoir à leurs concitoyens que l'Assemblée nationale
« a, dans sa séance d'hier, voté l'urgence du projet de loi relatif
« aux élections du conseil municipal de la ville de Paris.

« Vive la France! vive la République!

« Les représentants de la Seine:

Louis Blanc, Victor Schœlcher, Edmond Adam, Floquet, Martin Bernard, Langlois, Edouard Lockroy, Farcy, H. Brisson, Greppo, Millière, Edgar Quinet.

« Les maires et adjoints de Paris:

Ad. Adam, Méline; — Tirard, E. Brelay, Chéron, Loiseau-Pinson; — Bonvalet, Ch. Murat; — Vautrain, Loiseau, Callou; — Hérisson, A. Leroy; — Arnaud (de l'Ariége), Hortus, Bellaigue; — Carnot; — Desmarest, Ferry, André, Nast; — Dubail, A. Murat, Degouve-Denuncques; — Mottu, Blanchon, Poirier, Tolain; — Grivot, Denizot, Dumas, Turillon; — Léo Meillet, Combes; — Héligon; — Jobbé-Duval, Sextius Michel; — Henri Martin, Marmottan, Chaudey, Seveste; — François Favre, Malon, Villeneuve, Cacheux; — Clémenceau, J.-B.

Lafont, Dereure, Jaclard. (*Journal officiel* de Versailles,
23 mars.)

2° « Chers concitoyens, je m'empresse de porter à votre con-
« naissance que, d'accord avec les députés de la Seine et les
« maires élus de Paris, nous avons obtenu du gouvernement de
« l'Assemblée nationale *la reconnaissance complète de vos*
« *franchises municipales.*

« Le vice-amiral SAISSET. (Paris, 23 mars.)

3° « Le Comité central de la garde nationale, auquel se sont
« ralliés les députés de Paris, les maires et adjoints. convain-
« cus que le seul moyen d'éviter la guerre civile, l'effusion du
« sang à Paris, et en même temps d'affermir la République,
« est de procéder à des élections immédiates, convoquent pour
« demain dimanche tous les citoyens dans les colléges élec-
» toraux.

« Les habitants de Paris comprendront que, dans les cir-
« constances actuelles, le patriotisme les oblige à venir tous au
« vote, afin que les élections aient le caractère sérieux qui,
« seul, peut assurer la paix dans la cité.

« Les bureaux seront ouverts à huit heures du matin et fer-
« més à minuit.

« Vive la République !

« Les maires et adjoints de Paris :
Ad. Adam, Méline ; — Emile Brelay, Loiseau-Pinson ; — Bonva-
let, Ch. Murat ; — Vautrain, de Chatillon, Loiseau ; — Jour-
dan, Colin ; — A. Leroy ; — Desmarest, E. Ferry, André, Nast ;
— A. Murat ; — Mottu, Blanchon, Poirier, Tolain ; — Grivot,
Denizot, Dumas, Turillon ; — Combes, Léo Meillet ; — Jobbé-
Duval, Sextius Michel ; — Chaudey, Seveste ; — Fr. Favre,
Malon, Villeneuve, Cacheux ; — Clémenceau, J.-A. Lafont,
Dereure, Jaclard ; — Devaux, Satory.

« Les représentants de la Seine présents à Paris :
« Lockroy, Floquet, Tolain, Clémenceau, Schœlcher, Greppo. »
(Paris, 25 mars 1871.)

On vota le lendemain, dimanche. Les électeurs parisiens
pouvaient-ils user de leurs droits dans des circonstances plus
légales et plus opportunes? Les documents qui précèdent enlè-
veraient toute incertitude à cet égard.

Ajoutons qu'à l'occasion de ces élections et avant leur per-
pétration, M. Desmarest recevait de M. Thiers *(lui-même)* une

lettre *promettant l'amnistie* que nous réclamons encore après une année d'intervalle. M. Tirard, dit-on, possède ce document d'une si grande valeur judiciaire.

Enfin, dans le IX⁰ arrondissement, c'est le Gouvernement de Versailles qui payait les frais électoraux. Pour les couvrir, M. Ferry a donné un bon de 1,600 francs payés au ministère des finances.

Ces élections du 26 mars, du reste, sont loin d'avoir été un signe de décadence. Malon, Jourde, Theisz, Avrial, Varlin, Verdure, Dereure, etc.. etc., représentaient très-bien ce qu'ils devaient représenter. On l'a franchement avoué dans un ouvrage, pourtant anti-communaliste : *La Commune devant la justice.*

« Ils représentaient les ouvriers aussi bien qu'en 1830 Laf-
« fitte et Casimir Périer représentaient la bourgeoisie ; et ceux-
« ci sont certainement aussi supérieurs aux ouvriers que les
« hommes de juillet étaient supérieurs aux bourgeois. Si le
« mouvement du 18 mars avait réussi, il aurait bien fallu
« s'habituer au règne des cordonniers et des orfèvres, et à ce
« niveau de supériorité intellectuelle et morale. »

Pourquoi non ? « Après le *combat*, le *travail*; après le fusil,
« l'outil, » avait écrit Félix Pyat. Après les militaires et les avocats, il fallait ouvrir l'accès des fonctions municipales à des ouvriers intelligents. L'édifice national avait été détruit par les uns, les autres auraient contribué à le rebâtir. Les ouvriers sont sur les pontons, l'édifice reste en ruines. Si les ouvriers ne sont rendus à leurs ateliers, les avocats et les militaires ne sauront bientôt comment vivre et où loger. Non ! les ouvriers sont bien éloignés d'être responsables des malheurs de mai-juin derniers.

Nous dirons davantage :

Nous croyons que les calamités subséquentes au 26 mars furent indépendantes de la volonté des élus de ce jour-là. Nous pensons qu'il faudrait plutôt en accuser les maires et les adjoints nommés, puis démissionnaires : MM. Adam, Barré, Brelay, de Bouteiller, Chéron, Desmarest, Ferry, Fruneau, Leroy, Lefèvre, Loiseau-Pinson, Marmottan, Méline, Murat, Nast, Robinet, Rochard, Tirard et Vautrain.

Sans leurs démissions, en effet, Beslay, Briosne, Goupil, Parent Ulysse, Ranc et Rogeard seraient eux-mêmes restés jusqu'au bout à leur poste.

Sans leurs démissions, MM. Dupont de Bussac, Bayeux-Dumesnil, Benjamin Gastineau, Guérin, Pichio, Portaillier, Elie Reclus, André Rousselle, Vuillaumé et autres républicains-conservateurs auraient pu leur être adjoints, lors des élections supplémentaires.

Sans leurs démissions, le parti modéré aurait compté près de cinquante membres dans la Commune; il aurait eu, par suite, la majorité.

Sans leurs démissions, les citoyens Arthur Arnould, Courbet, Gérardin, Jourde, Langevin, Lefrançais, Malon, Protot, Theisz, Rastoul, Verdure, Vermorel, etc., auraient eu facilement raison des exagérations de Raoul Rigault et autres.

Sans leurs démissions, Versailles et Paris se seraient entendus à l'amiable.

Sans leurs démissions, Mgr Darboy et Rossel, M. Bonjean et Th. Ferré, Chaudey et Millière vivraient encore...

D'ailleurs, les élus qui persistèrent dans l'accomplissement de leur mandat, au rebours de ces criminels démissionnaires, étaient moins blâmables, à coup sûr, de s'être laissé nommer régulièrement à la Commune par 300,000 votants que Jules Favre, Jules Trochu et Jules Ferry d'avoir fait envahir le Corps législatif; — moins blâmables d'être entrés à l'Hôtel-de-Ville par la voie de l'élection que Jules Simon, Ernest Picard, Henri de Rochefort de Luçay par l'escalade du 4 septembre... Foudres de la loi sur la presse, réservez pour d'autres vos coups : ce n'est point nous qui avons osé le premier écrire la vérité sur ces matières, — c'est encore et toujours M. Léonce Dupont, auteur peu suspect d'impartialité pour les communards.

Or, les demi-dieux du 4 septembre siégent à Versailles sous des lambris dorés. Les communards, eux, où sont-ils?... Leurs femmes et leurs enfants ne le savent souvent pas!

Pauvres malheureux! Non, vous n'êtes point responsables des fautes du pseudo-gouvernement de la Défense nationale! Vous n'êtes point responsables des horreurs qui suivirent, de part et d'autre, à Paris comme à Versailles, les démissions de MM. Desmarest, Ferry, Nast et autres maires et adjoints! Vous n'êtes point responsables surtout du chaos au milieu duquel le pacte de Bordeaux a précipité la nation vaincue!...

Mais toujours les petits paieront pour les gros! Raton et Bertrand toujours seront d'opportune mémoire! Le général Trochu, qui n'a point capitulé; — le général Ducrot, qui est mort victorieux; — Jules Favre, qui n'a donné ni un sou du Trésor ni un pouce du territoire; — Jules Ferry, qni n'a point rationné le pain, — et *tutti quanti* sont vivants, bien vivants, bons vivants... En revanche, Bourgeois, le soldat Bourgeois, a été fusillé sur le plateau de Satory, le 28 novembre 1871. Mais qui se souvient encore de Bourgeois ?...

On oublie si vite en France!

Nous renouvellerons ces terribles souvenirs, et peut-être l'irresponsabilité des prisonniers de Versailles en sera-t-elle établie plus aisément, peut-être la justice et la nécessité de l'amnistie en seront-elles mieux démontrées!

Nous retracerons aussi le tableau des tiraillements intérieurs qui survinrent dans la Commune parmi les membres fidèles à leur mandat. Nous dépeindrons les compétitions de pouvoirs entre les élus du 26 mars et les membres du Comité central persistant à fonctionner. Nous esquisserons les mésintelligences qui éclatèrent entre les blanquistes, les internationaux et les pyatistes. Nous crayonnerons les luttes de Delescluze contre Cluseret, celles de Pyat contre Rossel, celles de Tridon contre Lullier, celles de Vésinier contre Rochefort, du *Vengeur* contre le *Père Duchêne*, celles du *Bon Rouge* de la *Vérité* contre les persécuteurs de la presse à Paris et les ordonnateurs des fusillades à Versailles. Nous dévoilerons les intrigues des MM. de Montaut, Camus, Duthil, Charpentier, Zeigler et les motifs réels des retraites *politiques* des prudents de l'avant-dernière heure. Nous démasquerons les habiletés *rémunérées* des malins de l'heure dernière. Enfin, nous montrerons l'affolement universel, le paroxysme suprême du désespoir, lorsque, du 21 au 29 mai, de part et d'autre, *vaincus et vainqueurs perdant la tête*, on laissa le champ libre aux exaltés fanatiques et sanguinaires des deux parties, Parisiens et Versaillais.

Les réactions monarchiques en profitèrent, non la révolution communaliste... Les malheureux, qui sont encore entre les mains des vainqueurs de mai-juin 1871, ne sont point responsables de toutes ces atrocités. Les amnistier serait justice !...

N'est-ce pas assez de deuil ?...

Faut-il encore par le froid, par la faim, tuer à petit-feu les femmes et les enfants des fusillés; les femmes et les enfants des déportés; les femmes et les enfants et les vieux parents sans ressources des prisonniers qui grouillent dans les cachots de toutes nos bastilles, sur les pontons, dans les bagnes?...

On a dit au Conseil municipal de Paris tout ce qu'il y avait à dire sur la situation des communalistes condamnés ou encore prévenus. Nous ne répéterons pas que ces infortunés sont des ouvriers habiles; que l'industrie, le commerce, la société a besoin d'eux; que Paris souffre de leur affreuse condition, de leur absence; que la France réclame leur mise en liberté; que les jurys acquittent leurs défenseurs poursuivis pour insultes envers la commission des grâces...

Nous nous permettrons seulement de conclure ainsi :

MM. de Versailles, prenez garde ! Ayez présent à l'esprit la possibilité d'un revirement de la fortune ! Considérez les expiations déjà subies ! Songez aux haines qui s'alimentent ! N'oubliez pas... demain !

AMNISTIEZ ? APAISEZ ! UNIFIEZ ! La France a besoin d'union, d'apaisement, d'amnistie *pour payer les Prussiens*.

Soldats laboureurs, à la charrue ! — Prisonniers de Versailles, à l'atelier ! — Français, au travail !... — sinon..., *finis Galliæ !* La France ne peut plus être que républicaine ou cosaque !

Prison de Sainte-Pélagie, Pavillon de la Presse, cellule n° 5.

Ce 21 Février 1872.

M.-A. GROMIER.

2580 — Paris. — Assoc. génér. typogr., Faub.-Saint-Denis, 19
Rouillax et Cᵉ.